ZHONGDENG ZHIYE XUEXIAO
QICHE LEI ZHUANYE GUIHUA JIAOCAI

汽车评估

主　编　罗　兰　石光成

副主编　李开鋆　徐　迎　任双鹏

主　审　赵　勇

参　编　谢空娅　樊　敏　李朝东

　　　　刘　军　解生杰　唐　浩

西南师範大學出版社

国家一级出版社　全国百佳图书出版单位

图书在版编目(CIP)数据

汽车评估/罗兰,石光成主编. — 重庆:西南师范大学出版社,2018.9

ISBN 978-7-5621-9161-2

Ⅰ.①汽… Ⅱ.①罗… ②石… Ⅲ.①汽车 - 评估 - 中等专业学校 - 教材 Ⅳ.①U472

中国版本图书馆CIP数据核字(2018)第201463号

汽车评估

QICHE PINGGU

主　　编: 罗　兰　石光成

主　　审: 赵　勇

策　　划: 刘春卉　杨景罡

责任编辑: 曾　文

装帧设计: 杨　涵

出版发行: 西南师范大学出版社

(重庆·北碚　邮编:400715

网址:http://www.xscbs.com)

印　　刷: 重庆荟文印务有限公司

幅面尺寸: 185mm×260mm

印　　张: 11

字　　数: 282千字

版　　次: 2018年9月 第1版

印　　次: 2018年9月 第1次

书　　号: ISBN 978-7-5621-9161-2

定　　价: 29.00元

尊敬的读者,感谢您使用西师版教材!如对本书有任何建议或要求,请发送邮件至xszjfs@126.com。

序言

XUYAN

随着我国经济发展和产业结构的调整，职业教育越来越凸现出其重要性，大力发展职业教育是当今举国之策，重庆市在这大背景下，下发了《中共重庆市委重庆市人民政府关于大力发展职业技术教育的决定》(渝委发〔2012〕11号)文件。该文件对培养现代制造业、现代服务业的高素质技能型紧缺人才的现代职业教育的发展起到了很大的政策支撑和引领作用。

由于汽车产业的快速发展，尤其是现代汽车新技术、新工艺的广泛应用，对汽车制造和汽车后市场人才的要求越来越高。然而，目前许多中职学校汽车运用与维修专业的办学软硬件设施还没有和市场真正接轨，没有适合学生的职业发展规律，更没有结合学校自身的实际情况。最为突出的是在专业教学方面，存在课程体系不合理、教学内容陈旧、教学方法落后等问题，完全不能满足现代汽车产业岗位职业能力培养的需求。

为了更好地满足中等职业学校汽车类专业的教学要求，体现职业教育特色，促进汽车专业人才的培养，我们一线教师和行业专家在广泛调研和深入实践的基础上，按"项目引领、任务驱动"的最新教学理念编写了这套中等职业学校汽车类专业教材。本系列教材共计17本，分别为《汽车文化》《汽车维修机械基础》《汽车维修基本技能》《汽车发动机基础维修》《汽车底盘基础维修》《汽车电气设备构造与维修》《汽车发动机电控系统检修》《汽车底盘电控技术》《汽车电工电子》《汽车车身电控技术》《汽车故障诊断与排除》《汽车维护与保养》《汽车美容与装饰》《汽车车身修复》《汽车维修涂装技术》《汽车评估》《洗车中级技能培训》。

本套教材是以市场人才需求为导向，围绕学生职业能力培养，结合中职学生职业教育规律进行编写的。其主要特点如下：

1. 根据学生岗位职业和发展，教材体系体现了"宽、专、精"三个不同层面的内涵。提炼、整合了传统专业基础课程，拓宽专业基础知识、技能的实用性，满足不同岗位的需要；针对不同工种的工作需求，编写了不同工种的专门化核心专业课程；依据"知识够用、技能实用"原则，精细打造课程，实现与实际岗位工作任务无缝对接。

2. 专业课程体例是按"任务驱动的'理实一体化'"模式编写的，体现了以完成工作任务为目的、以应用为中心的职业技能教育特点，实施了"学中做，做中学"的理论与实践相结合的教学理念。

3. 课程内容满足专业能力培养的需要。坚持"必需、够用"的原则，内容严谨、容量适宜、难易得当。

4. 结合了汽车行业职业技能考核的要求，注重培养"双证"技能型人才。

5. 注重学生职业道德与情感的培养，树立安全和环保的意识。

本套教材是在充分调研和深入实践的情况下，在重庆市多所职业学校和相关高校的一线专业课教师、"双师型"教师共同参与下研发、编写而成。这将更能体现其在实际教学中的适用性和地方特色，满足中职学校汽车运用与维修专业的人才培养要求，从而推动地方职业教育的教学改革，为我国汽车产业发展发挥积极的作用。

前言

QIANYAN

我国汽车工业经过多年的高速发展，已成为世界上第二大汽车保有量国。经过几年的爆发式增长后，现在车市进入了平稳增长期，在新车销售创新高的基础上，二手车销量也逐步走高。2017年中国二手车市场实际总交易量为1240.9万辆左右，中国的二手车行业已经闯出了一片属于自己的天地。

根据中国汽车流通协会发布的数据，2017年我国二手车市场交易额已达到了8092.72亿元，同比增长34%。目前，我国的二手车鉴定评估不再局限于二手车产权交易，已经扩展到二手车的纳税、保险、抵押、典当、司法鉴定等非产权交易，然而在我国二手车市场快速发展的同时，专业二手车评估人才短缺现象日益凸显。据中国汽车流通协会人士测算，全国专业二手车评估人才缺口可能超过15万人。正是考虑到这一市场对高素质汽车服务人才的需求，而且比以往任何时候都更为迫切，汽车服务业将人才竞争视作企业竞争制胜的关键要素。为适应形势的发展和满足社会的需求，满足各类职业技术院校学生对相关知识的渴求，我们特编写了《汽车评估》一书。

在本书编写过程中，我们坚持"理论够用、强调实务"的原则，紧密联系当前汽车市场的实际状况，按照"工作过程为导向"的教学思维，突出应用型教育的特色，突出对实践技能的要求，力求做到知识和应用的完美统一。

本书从实用角度出发，分为汽车基础知识、汽车评估基础、汽车技术状况的检查、汽车的维修作业及维修价格、二手车价格的评定与估算5个项目。本书由重庆市轻工业学校罗兰、重庆市巴南职业教育中心石光成担任主编，重庆市轻工业学校赵勇担任主审，重庆市轻工业学校李开鋆、徐迎、任双鹏担任副主编，罗兰编写了项目一、项目二任务二、项目三，重庆市巴南职业教育中心谢空娅编写了项目二任务一，重庆市轻工业学校任双鹏编写了项目四任务一，重庆市轻工业学校徐迎编写了项目四任务二，李开鋆编写了项目五任务一、任务二，石光成编写了项目五任务三，重庆市轻工业学校樊敏编写了项目五任务四。另外，参与本书编写的还有重庆市轻工业学校解生杰、唐浩，重庆市科能高级技工学校李朝东、重庆市工贸高级技工学校刘军。本教材的编写工作得到了重庆各职业院校教师的大力支持，得到了重庆市多个维修企业技术人员的技术支持，在此表示衷心的感谢。

在本书编写过程中，我们参阅了大量文献资料，在此对相关作者表示感谢。由于编者水平有限，书中难免有不妥和错误之处，敬请读者批评指正。

目　　录

项目一　汽车基础知识

任务一　汽车分类及型号编制规则

【任务目标】

目标类型	目标要求
知识目标	(1)能描述汽车的类型 (2)能描述国产汽车产品型号编制规则、内燃机型号编制规则 (3)能阐述车辆识别代号的含义
技能目标	(1)能运用所学知识对汽车进行分类 (2)能够说出汽车产品型号、内燃机型号所代表的含义 (3)能分析出车辆识别代号的含义
情感目标	养成良好的口头表达能力

【任务描述】

我国关于汽车的各种法律法规、分类标准等层出不穷，汽车工业逐渐开始和国际接轨，这为车辆的管理提供了科学依据。你能总结出汽车的类型吗？你知道汽车型号的含义是什么吗？

【知识准备】

一、汽车的类型

按照我国国家标准，汽车可分为七大类型：载货汽车、越野汽车、自卸汽车、牵引汽车、专用汽车、客车、轿车。

1.载货汽车

载货汽车主要指用于运送货物，也可以牵引全挂车的汽车。载货汽车分微型、轻型、中型和重型四种。

(1)微型载货汽车是在公路运行时，其制造厂规定的最大总质量小于或等于1.8 t的载货汽车。如图1-1-1所示。

(2)轻型载货汽车是在公路运行时，其制造厂规定的最大总质量大于1.8 t但小于或等于6 t的载货汽车。如图1-1-2所示。

图1-1-1　微型载货汽车

图1-1-2　轻型载货汽车

(3)中型载货汽车是在公路运行时,其制造厂规定的最大总质量大于6 t但小于或等于14 t的载货汽车。如图1-1-3所示。

(4)重型载货汽车是在公路运行时,其制造厂规定的最大总质量大于14 t的载货汽车。如图1-1-4所示。

图1-1-3　中型载货汽车

图1-1-4　重型载货汽车

2.越野汽车

越野汽车指的是主要用于坏路和无路地区的、全轮驱动的、具有高通过性的汽车,也可作牵引挂车用。越野汽车分轻型、中型、重型和超重型四种。

(1)轻型越野汽车是指在越野运行时,其制造厂规定的最大总质量小于或等于5 t的越野汽车。如图1-1-5所示。

(2)中型越野汽车是指在越野运行时,其制造厂规定的最大总质量大于5 t但小于或等于13 t的越野汽车。如图1-1-6所示。

图1-1-5　轻型越野汽车

图1-1-6　中型越野汽车

(3)重型越野汽车是指在越野运行时,其制造厂规定的最大总质量大于13 t但小于或等于24 t的越野汽车。如图1-1-7所示。

(4)超重型越野汽车是指在越野运行时,其制造厂规定的最大总质量大于24 t的越野汽车。如图1-1-8所示。

图1-1-7　重型越野汽车

图1-1-8　超重型越野汽车

3.自卸汽车

自卸汽车是指以运输货物为主且具有可倾卸货厢的汽车。自卸汽车分轻型、中型、重型和矿用四种。

(1)轻型自卸汽车是指在公路运行时,其制造厂规定的最大总质量小于或等于6 t的自卸汽车。

(2)中型自卸汽车是指在公路运行时,其制造厂规定的最大总质量大于6 t但小于或等于14 t的自卸汽车。

(3)重型自卸汽车是指在公路运行时,其制造厂规定的最大总质量大于14 t且最大轴载质量小于或等于13 t的自卸汽车。

(4)矿用自卸汽车是指主要用于矿区和工地的,其制造厂规定的最大轴载质量大于13 t的非公路自卸汽车。

4.牵引汽车

牵引汽车是指专门或主要用于牵引挂车的汽车,分半挂牵引汽车和全挂牵引汽车两种。

(1)半挂牵引汽车是指可以牵引半挂车的汽车。

(2)全挂牵引汽车是指可以牵引全挂车的汽车。

5.专用汽车

专用汽车是指装有专用设备、具有专用功能、承担专门运输任务或特种作业的汽车。专用汽车分厢式、罐式、起重举升、仓栅式、特种作业五种。

(1)厢式汽车是指车厢为独立的厢式封闭结构,亦可制成与驾驶室连成一体的整体封闭式结构,其内部装有专用设施,用于载运人员、货物或承担专门作业的专用汽车。

(2)罐式汽车是指装有罐状容器,用于运输液体、气体或粉状物质的专用汽车。

(3)起重举升汽车是指装有起重举升设备或升降作业台的专用汽车。

(4)仓栅式汽车是指具有仓笼、栅栏式结构的车厢,用于运送牲畜类、管材类及轻泡货物等的专用汽车。

(5)特种作业汽车是指装有特殊设备,用以完成特殊作业的专用汽车。

6.客车

客车是指具有方形车厢,主要用于载送人员及其随身行李物品的汽车。客车的结构有单层的、双层的,有铰接的,也有牵引挂车结构的。客车可分为微型、轻型、中型、大型、特大型五种。

(1)微型客车是指车长小于或等于3.5 m的客车。如图1-1-9所示。

(2)轻型客车是指车长大于3.5 m但小于或等于7 m的客车。如图1-1-10所示。

图1-1-9　微型客车

图1-1-10　轻型客车

(3)中型客车是指车长大于7 m但小于或等于10 m的客车,如图1-1-11所示。其可分为中型城市客车、中型长途客车、中型旅游客车、中型团体客车四种。

①中型城市客车是指用于城市或城郊载运乘客及其随身物品的中型客车。车内设有座位和供乘客站立与走动的通道。

②中型长途客车是指用于城市之间载运乘客及其随身物品的中型客车。车内无专供乘客站立的位置,有存放乘客行李物品的设施。

③中型旅游客车是指用于载运乘客观光游览的,视野开阔、乘坐舒适、设备齐全的中型客车。

④中型团体客车是指用于载运职工上下班和公务用的中型客车。

(4)大型客车是指车长大于10 m的客车,如图1-1-12所示。其可分为大型城市客车、大型长途客车、大型旅游客车、大型团体客车四种。

图1-1-11　中型客车

图1-1-12　大型客车

①大型城市客车是指用于城市或城郊载运乘客及其随身物品的大型客车。车内设有座位和供乘客站立与走动的通道。

②大型长途客车是指用于城市之间载运乘客及其随身物品的大型客车。车内无专供乘客站立的位置,有乘客存放行李物品的设施。

③大型旅游客车是指用于载运乘客观光游览的,视野开阔、乘坐舒适、设备齐全的大型客车。

④大型团体客车是指用于载运职工上下班和公务用的大型客车。

(5)特大型客车是指铰接客车或双层客车。

①铰接客车是由铰接装置相连接且相互连通,乘客可在其间走动的两个刚性车厢体所组成的客车。

②双层客车是具有上下两层座位的客车。如图1-1-13所示。

图1-1-13 特大型客车之双层客车

7.轿车

轿车是指用于载运人员及其随身物品，而且座位布置在两轴之间的四轮汽车。轿车有微型、普通级、中级、中高级和高级五种。

(1)微型轿车是指发动机排量小于或等于1 L的轿车。

(2)普通级轿车是指发动机排量大于1 L但小于或等于1.6 L的轿车。

(3)中级轿车是指发动机排量大于1.6 L但小于或等于2.5 L的轿车。

(4)中高级轿车是指发动机排量大于2.5 L但小于或等于4 L的轿车。

(5)高级轿车是指发动机排量大于4 L的轿车。

二、国产汽车产品型号编制规则

车辆产品型号编制规则是为识别车辆而对一类车辆指定的由拼音字母和阿拉伯数字组成的编号。1988年国家颁布了GB 9417—88《汽车产品型号编制规则》，由汽车生产企业予以采纳和使用，并体现在汽车的主要外表面上。2001年后，有关国家标准停止使用，且未制定对汽车型号编制方法的新规定。由于汽车型号使用周期很长，其标示内容简便易懂，为多个行业所采纳和引用，因此现在汽车企业和产品大多数仍按照原国家标准的规定，进行型号的编制。

除三轮汽车及低速货车等汽车外，汽车型号一般由拼音字母和阿拉伯数字组成。汽车型号包括如下三部分：

首部——由2个或3个汉语拼音字母组成，是识别企业名称的代号。例如，CA代表第一汽车集团公司，EQ代表东风汽车有限公司，SGM代表上海通用汽车公司，SVW代表上海大众公司。我国主要汽车企业名称及其代号见表1-1-1。

表1-1-1 我国主要汽车企业名称及其代号

代号	汽车企业名称	代号	汽车企业名称
SGM	上海通用汽车公司	SVW	上海大众汽车有限公司
NJ	跃进汽车集团公司	CA	第一汽车集团公司
SQR	上汽集团奇瑞汽车有限公司	EQ	东风汽车有限公司
DHW	东风本田汽车有限公司	SC	长安汽车集团有限公司
DC	神龙汽车有限公司	FV	一汽一大众汽车有限公司

续表

代号	汽车企业名称	代号	汽车企业名称
HG	广州本田汽车有限公司	CC	长城汽车股份有限公司
HFJ	哈飞汽车股份有限公司	BJ	北京汽车集团有限公司
JAC	江淮汽车集团股份有限公司	QL	庆铃汽车集团有限公司
TV	天津一汽丰田汽车公司	LF	力帆汽车有限公司
BH	北京现代汽车有限公司	DFL	东风汽车有限公司

中部——由4位阿拉伯数字组成。左起首位数字表示车辆类别代号，中间两位数字表示汽车的主要特征参数，最末位是由企业自定的产品序号，见表1-1-2。

表1-1-2　汽车型号中4位阿拉伯数字代号含义

首位数字表示车辆类别		中间两位数字表示各类汽车的主要特征参数	最末尾数字表示企业自定产品序号
载货汽车	1	表示汽车的总质量①(t)数值	
越野汽车	2		
自卸汽车	3		
牵引汽车	4		
专用汽车	5		
客车	6	表示汽车总长度②(0.1 m)数值	
轿车	7	表示发动机的工作容积(0.1 L)数值	
	8		
半挂车及专用半挂车	9	表示汽车的总质量(t)数值	

注：①当汽车总质量大于100 t时，允许用3位数字。

②当汽车总长度大于10 m时，计算单位为m。

尾部——分为两部分，前部由汉语拼音字母组成，表示专用汽车分类代号，例如X表示厢式汽车、G表示罐式汽车等。后部是企业自定代号，可用汉语拼音字母或阿拉伯数字表示。基本型汽车的编号一般没有尾部，其变型车（如采用不同的发动机、加长轴距、双排座驾驶室等）为了与基本型区别，常在尾部加A、B、C等企业自定代号。

三、内燃机产品的名称和型号编制规则

国标GB/T 725—2008对内燃机名称和型号编制方法进行了重新审定，该标准的主要内容如下：

(1)内燃机的产品的名称均按所采用的燃料命名,如柴油机、汽油机、煤气机、沼气机、双(多种)燃料发动机。

(2)内燃机型号由阿拉伯数字、汉语拼音字母和相关国家标准中关于气缸布置所规定的象形字符号组成。

(3)内燃机型号由下列四部分组成:

首部——产品特征代号,由制造厂根据需要自选相应字母表示,但需经行业标准化归口单位核准、备案。

中部——由缸数符号、气缸布置形式、冲程型式符号和缸径符号组成。

后部——结构特征和用途特征符号,以字母表示。

尾部——区分符号。同一系列产品因改进等原因需要区分时,由制造厂选用适当符号表示。

内燃机型号的排列顺序及符号所代表的意义如图1-1-14所示。

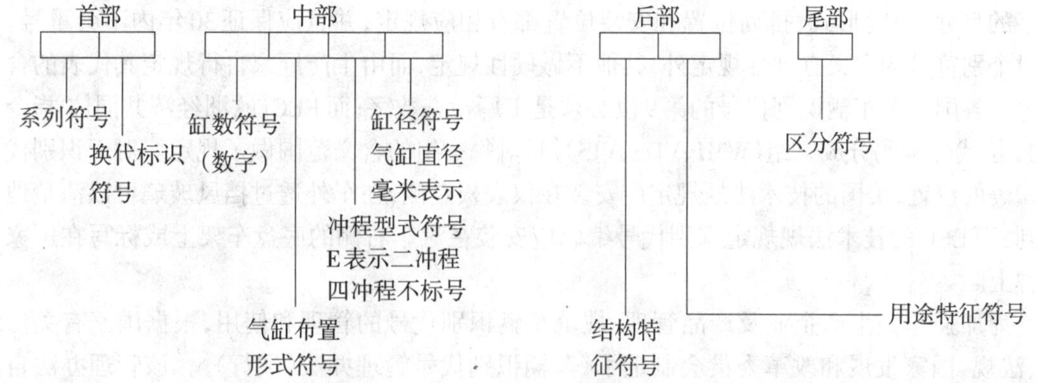

符号	含义
无符号	多缸直列及单缸
V	V型
P	平卧型

符号	结构特征
无符号	冷却液冷却
F	风冷
N	凝气冷却
S	十字头式
DZ	可倒转(直接换向)
Z	增压
ZL	增压中冷

符号	用途
无符号	通用型
T	拖拉机
M	摩托车
G	工程机械
Q	汽车
J	铁路机车
D	发电机组
C	船用主机,右机基本型
CZ	船用主机,左机基本型
Z	农用运输车
L	林业机械

型号编制示例:en-2a的157FMI

(1)1表示单缸

(2)没有E表示四冲程

(3)57表示缸径57 mm

(4)F表示风冷

(5)M表示摩托车

(6)I表示改进型

图1-1-14 内燃机型号含义

四、车辆识别代号(VIN)编码的识读

现在世界各国汽车公司生产的汽车大部分都使用了VIN(Vehicle Identification Number)车辆识别代号编码。“VIN车辆识别代号编码”由一组字母和阿拉伯数字组成,共17位,又称为17位识别代号编码。它是识别一辆汽车不可缺少的工具。

VIN的每位代码代表着汽车的某一方面信息参数。按照识别代号编码顺序,从VIN中可以识别出该车的生产国家、制造公司或生产厂家、车的类型、品牌名称、车型系列、车身形式、发动机型号、车型年款（属于哪年生产的车型）、安全防护装置型号、检验数字、装配工厂名称和出厂顺序号码等。

17位识别代号编码经过排列组合的结果，可以使车型生产在30年之内不会发生重号现象，就像我们的身份证号码一样，故又称为“汽车身份证”。各国机动车管理部门办理牌照时，可以将车辆的识别代号编码输入计算机存储，以备需要时调用，如处理交通事故、保险索赔、查获被盗车辆等。有的国家规定没有17位车辆识别代号编码的汽车不准进口；有的国家客户在买车时，没有17位车辆识别代号编码就不购买，因此没有VIN编码的汽车是卖不出去的。

1.车辆识别代号（VIN）的管理规则

各国政府及各汽车公司对本国或本公司生产的17位识别代号编码都有具体规定。各国的技术法规一般只规定车辆识别代号的基本要求，如其应由17位代号编码组成；字母和数字的尺寸、书写形式、排列位置和安装位置都有相应规定，并且应保证30年内不会重号。除对个别符号的含义有硬性规定外，其他不做硬性规定，而由生产厂家自行规定其代表的含义等。各国有关车辆识别代号的第9位必须是工厂检查数字；而EEC（欧洲经济共同体）指令将17位代号编码分成三组（WMI、VDS、VIS），只对每一组的含义范围做了规定。对于识别代号编码的位置，美国的技术法规规定应安装在仪表板左侧，在车外透过挡风玻璃可以清楚地看到；而EEC的技术法规规定识别代号编码应安装在汽车右侧的底盘车架上或标写在厂家铭牌上。

为加强车辆生产企业及产品管理，规范车辆识别代号的管理和使用，根据国家有关法律、法规，国家发展和改革委员会制定了《车辆识别代号管理办法（试行）》。该管理办法自2004年12月1日起施行。该项规定的基本内容包括：

（1）车辆识别代号应由三部分组成：第一部分，世界制造厂识别代号（WMI）；第二部分，车辆说明部分（VDS）；第三部分，车辆指示部分（VIS）。车辆识别代号编码各部分具体内容如图1-1-15所示。

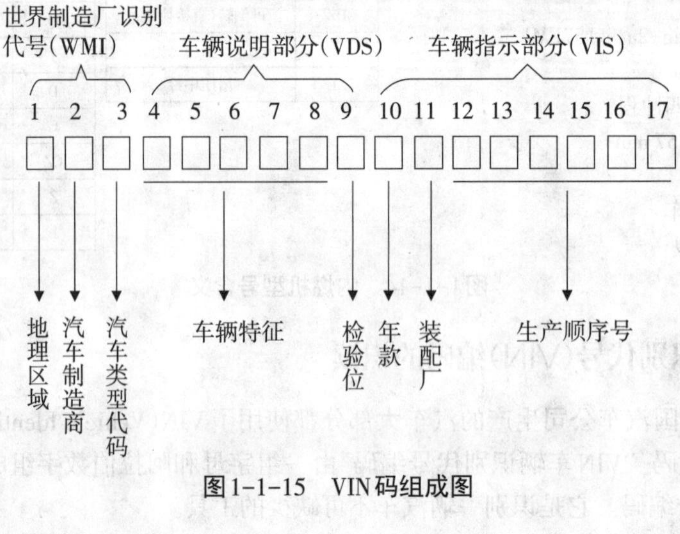

图1-1-15 VIN码组成图

1)第一部分——世界制造厂识别代号,必须经过申请、批准和备案后方能使用。

根据地理区域分配给各个车辆制造厂家世界制造厂识别代号。该代码由三位字码组成,它包含以下信息:

①第一个字码是标明一个地理区域的字母或数字,常见代码见表1-1-3。

表1-1-3 常见生产地理区域代码

代码	地区	代码	地区
1	美国	J	日本
2	加拿大	S	英国
3	墨西哥	K	韩国
4	美国	L	中国
6	澳大利亚	V	法国
W	德国	Y	瑞典
T	瑞士	Z	意大利

②第二个字码为汽车制造商代码,部分常见汽车制造商代码见表1-1-4。

表1-1-4 常见汽车制造商代码

代码	制造商	代码	制造商	代码	制造商
1	雪佛兰	B	宝马	F	福特
4	别克	M	现代	S	斯巴鲁
6	凯迪拉克	B	道奇	T	丰田
N	日产	C	克莱斯勒	H	讴歌
H	本田	V	大众	M	三菱
V	沃尔沃	A	捷豹	A	阿尔法罗密欧
L	林肯	Y	马自达	G	所有属于通用汽车的品牌

③第三个字码是汽车类型代码。前三位组合来共同表示其特定的品牌。常见汽车生产厂商VIN码前三位识别代码见表1-1-5。

表1-1-5 常见汽车生产商代码

代码	生产商	代码	生产商
LHG	中国广本汽车有限公司	LFW	中国一汽集团
LJN	中国郑州日产汽车公司	LSV	上海大众
JHM	日本本田汽车有限公司	JNI	日本日产
1LN	美国福特	WDB	奔驰
WAU	奥迪	LGW	长城

2)第二部分——车辆说明部分,由六位字码组成。如果制造厂不用其中的一位或几位字码,应在该位置填入制造厂选定的字母或数字占位。此部分应能识别车辆的一般特性,其代号顺序由制造厂决定。VIN码车辆说明部分各数值对应表见表1-1-6。

表1-1-6 VIN码车辆说明部分各数值对应表

车辆类型	第四位	第五位	第六位	第七位	第八位
轿车、MPV、SUV	种类	系列	车身类型	发动机类型	约束系统
载货车	型号或种类	系列	底盘、驾驶室类型	发动机类型	制动系统及额定总重
客车	型号或种类	系列	车身类型	发动机类型	制动系统

3)第三部分——车辆指示部位,由八位字码组成,其最后四位字码应是数字。

①第一位字码应指示年份,年份代码按表1-1-7规定使用。

表1-1-7 标示年份的字码表

年份	代码	年份	代码	年份	代码	年份	代码
1971	1	1981	B	1991	M	2001	1
1972	2	1982	C	1992	N	2002	2
1973	3	1983	D	1993	P	2003	3
1974	4	1984	E	1994	R	2004	4
1975	5	1985	F	1995	S	2005	5
1976	6	1986	G	1996	T	2006	6
1977	7	1987	H	1997	V	2007	7
1978	8	1988	J	1998	W	2008	8
1979	9	1989	K	1999	X	2009	9
1980	A	1990	L	2000	Y	2010	A

②第二字码可用来指示装配厂。若无装配厂,制造厂可规定其他的内容。

③如果制造厂生产的某种类型的车辆年产量大于或等于500辆,此部分的第三至第八位字码表示生产顺序号;如果年产量小于500辆,则此部分的第三、四、五位字码应与第一部分的三位字码一起来表示一个车辆制造厂。

(2)车辆识别代号中,仅能采用下列阿拉伯数字和大写英文字母:

1 2 3 4 5 6 7 8 9 0

A B C D E F G H J K L

M N P R S T U V W X Y Z

(字母I、O和Q不能使用)

(3)车辆识别代号在文件上表示时应写成一行,且不要空格;打印在车辆或车辆标牌上时也应标示在一行。特殊情况下,由于技术上的原因必须标示在两行上时,两行之间不应有间隙,每行的开始与终止处应选用一个分隔符表示。分隔符必须是不同于车辆识别代号所用的任何字码。

(4)车辆识别代号,应尽量位于车辆的前半部分,易于看到且能防止磨损或替换的部位。

(5)9人座或9人座以下的车辆和最大总质量小于或等于3.5 t的载货汽车的车辆识别代

号，应位于仪表板上方。在白天日光照射下，观察者不需移动任一部件，从车外即可分辨出车辆识别代号。

（6）每辆车的识别代号应在车辆部件上（玻璃除外），该部件除修理以外是不可拆卸的；车辆识别代号也可表示在永久性地固定在上述车辆部件上的一块标牌上，此标牌不损坏则不能拆掉。

（7）车辆识别代号的字码，在任何情况下都应是字迹清楚、坚固耐久和不易替换的。

（8）车辆识别代号的字码高度：若直接打印在汽车和挂车（车架、车身等部件）上，至少应为7 mm高；其他情况至少应为4 mm高。

五、车型铭牌的识读

除车辆识别代号牌外，一些汽车制造厂家根据本国法规或企业标准，常在车辆的某一位置设有汽车的车型铭牌，如图1-1-16所示。不同类型汽车的车型铭牌，其位置可能有所不同。

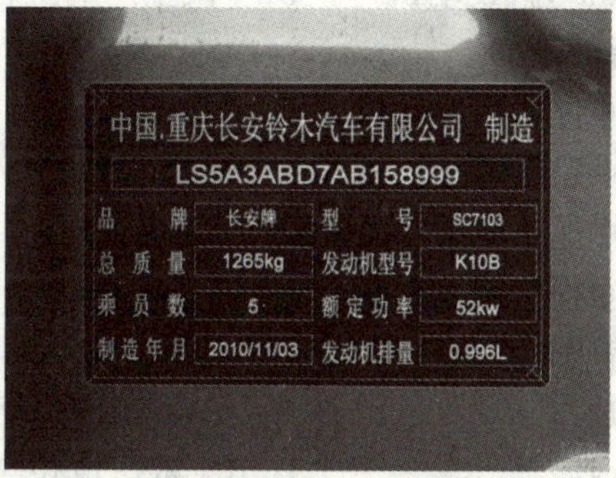

图1-1-16 车型铭牌

常见车型标牌的主要内容包括：车型代号、发动机型号、变速器型号、车身颜色代号等。

【任务检测】

一、选择题

1.某轿车发动机排量为2.0 L，则该轿车属于（　　）。

A.中级轿车　B.高级轿车　C.普通级轿车　D.中高级轿车

2.某客车总长度8 m，则该客车属于（　　）。

A.轻型客车　B.中型客车　C.微型客车　D.大型客车

3.按照我国国家标准，汽车可分为（　　）。

A.6大类型　B.7大类型　C.8大类型　D.9大类型

4.按照我国国家标准，自卸汽车可分为（　　）。

A.3种　B.4种　C.5种　D.6种

5.6×4型汽车的驱动轮数为（　　）。

A.6　B.2　C.8　D.4

6.某汽车型号CA1091，其车辆类别代号和主要参数的含义是（　　）。

A.载货汽车总质量9 t　B.载货汽车载重量9 t

C.越野汽车总质量9 t　D.越野汽车自重9 t

7.某汽车型号EQ2058，其车辆类别代号和主要参数的含义是(　　)。

A.载货汽车总质量5 t　　B.载货汽车载重量5 t

C.越野汽车总质量5 t　　D.越野汽车载重量5 t

8.国产车SVW7144中，SVW指(　　)。

A.广汽丰田公司　B.上海大众公司　C.广州本田公司　D.第一汽车制造厂

9.国产车SVW7144中，7指(　　)。

A.货车　B.轿车　C.越野车　D.客车

10.JL486Q1表示(　　)。

A.缸径86 mm四冲程车用发动机　　B.缸径86 mm四冲程船用发动机

C.缸径86 mm四冲程铁路机车发动机　　D.缸径86 mm四冲程工程机械发动机

11.EQ6100发动机指(　　)。

A.二汽生产的缸径100 mm 6缸发动机　　B.一汽生产的缸径100 mm 6缸发动机

C.二汽生产的缸径100 cm 6缸发动机　　D.一汽生产的缸径100 cm 6缸发动机

12.12VE230ZC发动机指(　　)。

A.缸径230 mm 12缸二冲程船用发动机

B.缸径230 mm 12缸四冲程船用发动机

C.缸径230 mm 12缸二冲程摩托车用发动机

D.缸径230 mm 12缸四冲程车用发动机

13.我国车辆识别代号编码VIN是(　　)。

A.由2部分15位字码组成　　B.由3部分17位字码组成

C.由3部分15位字码组成　　D.由5部分17位字码组成

14.我国国家标准规定，9人座以下的客车和最大总质量小于或等于3.5 t的载货汽车VIN码应位于(　　)。

A.仪表板的上方　B.汽车铭牌上　C.仪表板的下方　D.底盘车架上

15.美国的技术法规规定汽车VIN码应安装在(　　)。

A.仪表板的左侧　　B.汽车铭牌上

C.仪表板的右侧　　D.底盘车架上

16.车辆识别代码LE4EJ68WAV5700321中第10位“V”表示(　　)。

A.1997　B.1998　C.1999　D.2000

二、判断题，先判断后改错

1.货车按照车辆长度来分类。(　　)

2.客车按照车辆总质量来分类。(　　)

3.越野车按照车辆长度来分类。(　　)

4.发动机排量为1.6~2.5 L的轿车都属于普通级轿车。(　　)

三、填空题

1.车辆识别代码又叫VIN码，共有________位，其中第二位字母代表________。

2.常见车型铭牌的主要内容包括：车型代号、发动机型号、________和________等。

【评价与反馈】

班级：____________ 姓名：____________ 指导教师：____________

序号	考核项目	分值	考核内容	配分	考核标准	得分
1	出勤、纪律	5分	出勤	2分	违规一次不得分	
			行为规范	3分	违规一次不得分	
2	安全、防护、环保	20分	着装	2分	违规一次不得分	
			个人防护	3分	违规一次不得分	
			“5S”“EHS”	5分	违规一次不得分	
			设备使用安全	5分	违规一次不得分	
			操作安全	5分	违规一次不得分	
3	任务检测	20分	任务测验成绩	20分	测验成绩的20%计	
4	技能考核	35分	技能测验成绩	35分	测验成绩的35%计	
5	学习能力	10分	工单填写，工艺计划制订	4分	未做不得分	
			组内活动情况	5分	酌情扣分	
			资料查阅和收集	1分	未做不得分	
6	任务拓展	10分	知识拓展任务	2分	未做不得分	
			技能拓展任务	8分	未做不得分	
	总分	100分				

【教师评估】

序号	优点	存在问题	解决方案
教师签字：			

【学习后记】

任务二　认识汽车的基本结构

【任务目标】

目标类型	目标要求
知识目标	(1)能描述汽车发动机的各组成部分 (2)能描述汽车底盘的各组成部分 (3)能描述汽车车身的各组成部分 (4)能描述汽车电气设备的各组成部分
技能目标	(1)能说出发动机、底盘、车身、电气设备的作用 (2)能够指出发动机、底盘、车身、电气设备各部件在汽车上的位置
情感目标	具备精益求精的意识

【任务描述】

张某驾驶一辆长安CS35，最近觉得发动机起动困难，送到“4S”店维修，维修人员提出需要对发动机进行大修，拆卸下来的汽车零部件同学们都认识吗？

【知识准备】

汽车通常由发动机、底盘、车身、电气设备四个部分组成。

一、汽车发动机

发动机是汽车的动力装置，它将燃料的化学能转变为热能，再把热能转变为机械能，由发动机曲轴向外输出机械功。它一般是由曲柄连杆机构、配气机构、燃料供给系统、点火系统(汽油发动机采用)、冷却系统、润滑系统、起动系统几部分组成。

1.曲柄连杆机构

曲柄连杆机构将燃料燃烧时产生的热能转变为活塞往复运动的机械能，再通过连杆将活塞的往复运动变为曲轴的旋转运动而对外输出动力。由机体组、活塞连杆组和曲轴飞轮组三部分组成，如图1-2-1、图1-2-2、图1-2-3所示。

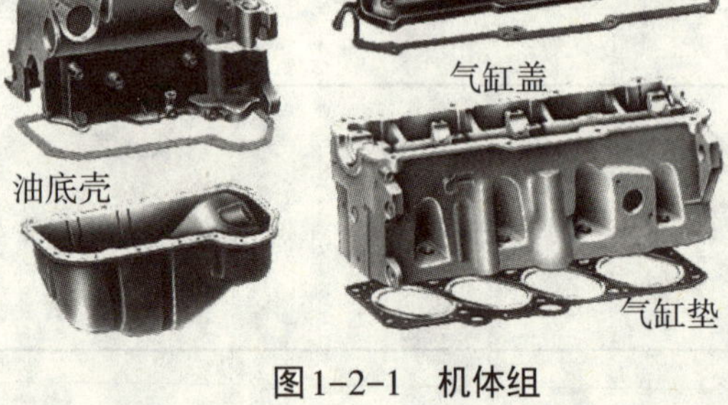

图1-2-1　机体组

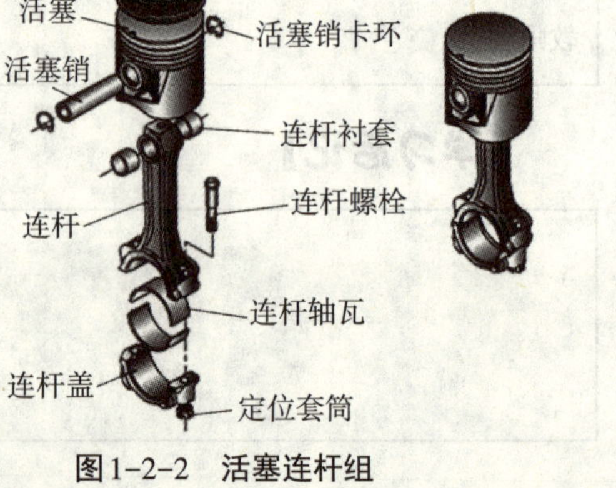

图1-2-2　活塞连杆组

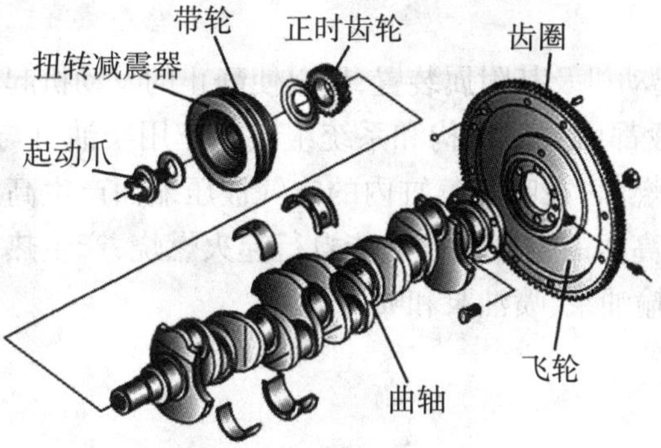

图1-2-3 曲轴飞轮组

2.配气机构

配气机构的作用是根据发动机的工作顺序和工作过程，定时开启和关闭进气门和排气门，使可燃混合气及时充入气缸，并及时从气缸排出废气。配气机构一般由气门组、气门传动组组成，如图1-2-4、图1-2-5所示。

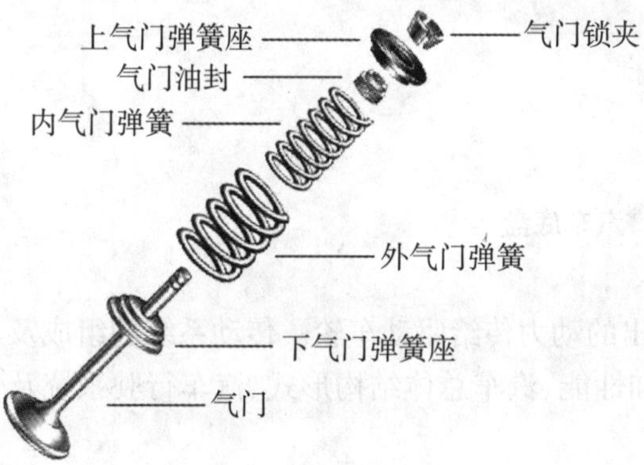

图1-2-4 气门组

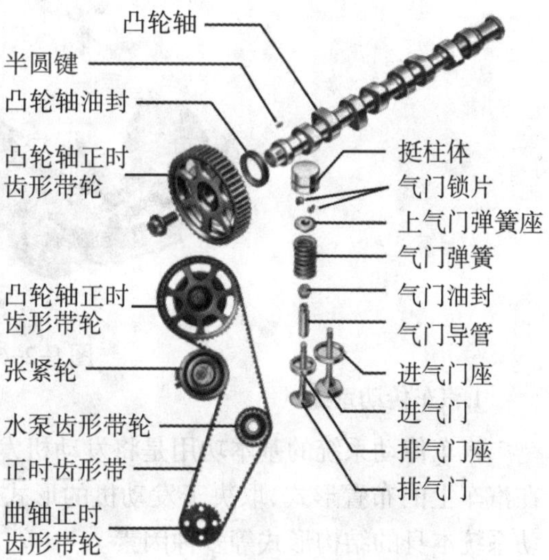

图1-2-5 气门传动组

3.燃料供给系统

燃料供给系统的作用是把汽油和空气混合成合适的可燃混合气供入气缸，以供燃烧，并将燃烧生成的废气排出发动机。

4.点火系统

点火系统的功用是保证按规定时刻及时点燃气缸中被压缩的混合气。点火系统包括电源(蓄电池和发电机)、断电器和配电器、点火线圈、火花塞等。

5.冷却系统

冷却系统的功用是把受热机件的热量散到大气中去，以保证发动机正常工作。

6.润滑系统

润滑系统的功用是将机油供给做相对运动的部件，以减少它们之间的摩擦阻力，减轻机件的磨损，并部分地冷却摩擦零件，清洗摩擦表面。

7.起动系统

起动系统包括起动机及其附属装置，用以使静止的发动机起动并转入自行运转状态。

车用汽油机一般都由上述机构和系统组成。车用柴油机与汽油机的基本结构大致相同，但由于用柴油做燃料，在吸入气缸内的空气被压缩而产生高温高压的情况下，将柴油直接喷入气缸，与高温高压的空气混合后能自行起火燃烧，产生热能。因此，柴油发动机上没有点火系统，但是有输油泵、喷油泵和喷油器。

二、汽车底盘

汽车底盘是汽车自身的承载部分。它的主要作用是支撑车身，接受并传递发动机所发出的动力，使汽车得以行驶。汽车底盘由传动系统、行驶系统、转向系统和制动系统四大部分组成，如图1-2-6所示。

图1-2-6　汽车底盘

1.汽车传动系统

汽车传动系统的基本功用是将发动机发出的动力传给驱动车轮。传动系统的组成及其在汽车上的布置形式，取决于发动机的形式和性能、汽车总体结构形式、汽车行驶系统及传动系统本身的结构形式等多种因素。

2.汽车行驶系统

汽车行驶系统的功用是接受由发动机经传动系统传来的转矩，并通过驱动轮与路面间的附着作用，产生对汽车的牵引力，以保证整车的正常行驶；传递并承受路面作用于车轮上的各向反力及其所形成的力矩；尽可能缓和不平路面对车身造成的冲击和震动，保证汽车行驶的平顺性，并且与转向系统很好地配合工作，实现汽车行驶方向的正确控制，以保证汽车操纵的稳定性。汽车行驶系统一般由车架、车桥、车轮和悬架组成。

3.汽车转向系统

汽车转向系统的作用是在驾驶员的操纵下，改变或恢复汽车的行驶方向。按转向能源的不同，转向系统可分为机械式转向系统和动力式转向系统两大类。

4.汽车制动系统

汽车制动系统的作用是使行驶中的汽车减速甚至停车，使下坡行驶的汽车保持稳定速度，以及使已停驶的汽车保持不动。其中，用以使行驶中的汽车减速或停车的制动系统称为行车制动系统;使已停驶的汽车驻留原地不动的另一套装置则称为驻车制动系统。汽车上常用的制动系统主要有机械式、液压式和气压式等几种。

三、汽车车身

汽车车身结构主要包括车身壳体、车门、车窗、车前钣制件、车身内外装饰件和车身附件、座椅以及空气调节装置等。在货车和专用汽车上还包括车厢和其他装备。

车身壳体是一切车身部件的安装基础,通常是指纵、横梁和支柱等主要承力元件以及与它们相连接的钣金件共同组成的刚性空间结构。客车车身多数具有明显的骨架,而轿车车身和货车驾驶室则没有明显的骨架。车身壳体通常还包括在其上敷设的隔音、隔热、防震、防腐、密封等材料及涂层。

车门通过铰链安装在车身壳体上,其结构较复杂,是保证车身的使用性能的重要部件。

车窗是整个车身的重要组成部分,是为了满足车内采光、通风及司乘人员视野的需要而设计的。

对轿车和长头式货车或客车来说,车前钣制件包括散热器固定框、发动机罩、翼子板、挡泥板等。

车身外部装饰件主要是指装饰条、车轮装饰罩、浮雕式文字等。车身内部装饰件包括仪表板、顶篷、侧壁、座椅等表面覆饰物,以及窗帘和地毯。

车身附件包括门锁、门铰链、玻璃升降器、各种密封件、风窗刮水器、风窗洗涤器、遮阳板、后视镜、拉手、点烟器、烟灰盒等。有些汽车上还常装有收放机、无线电话、小型冰箱等。

车身内部暖气、冷风等是维持车内正常环境,保证乘员安全舒适的重要装置。座椅也是车身内部的重要装置之一,由骨架、坐垫、靠背和调节机构等组成。

为保证行车安全,汽车上还广泛设有座椅安全带、安全气囊等安全装置。

四、汽车电气设备

汽车电气设备主要包括电源和用电设备两大部分。用电设备中除发动机上的起动及点火装置外,还包括仪表装置、信号装置、照明装置、辅助电气设备和配电装置。

1.汽车电源

汽车电源系统由发电机、调压器和蓄电池等组成。它们是随汽车移动的直流电源,其标称电压多为12 V制。大功率柴油机汽车因为起动功率大,多采用的标称电压为24 V制。蓄电池的主要功用是向起动机和点火装置供电,当发电机不发电或发电不足时也向其他用电设备供电。发电机则是在发动机运转时向车上用电器(不包括起动机)供电,并向蓄电池充电;调压器则能在很大的转速变化范围内限定发电机在14 V(12 V制)或28 V(24 V制)上下。

2.仪表装置

为了帮助驾驶员随时监视汽车各重要部位的工作状况,位于转向盘前方的各种仪表,分别显示着汽车各重要部位的状态参数和汽车运行参数,如发动机冷却液温度、机油压力[①]、燃油箱的燃油量、蓄电池的充放电状态、汽车的行驶速度和行驶里程等,有的车型还装有发动机转速表,帮助驾驶员控制发动机在最有利的转速下工作。还有的车辆装有车速-里程自动记录计,用以记录汽车1~7天的工作运行状态,为运营管理提供准确数据。

3.信号装置

为了提高汽车行驶和停车的安全性和可靠性,现代汽车均有完善的信号系统。用以提高安全性的公路交通信号是驾驶员向别的车辆和行人发出的,如喇叭、转向信号(危险信号)灯、制动灯、示宽灯、停车灯、倒车灯、蜂鸣器等。而保证机械运行可靠性的信号则是汽车各重要部位向本车驾驶员发出的,如发动机冷却液温度过高(或冷却液不足)报警灯、制动气压过低报警灯、机油压力过低报警灯、燃油量不足报警灯、机油滤清器堵塞报警灯、充电指示灯、驻车制动指示灯、超速报警灯、车门未锁报警灯、排气制动指示灯、排气净化用的催化反应高温报警灯和蜂鸣器等。

4.照明装置

为了使汽车在夜间行驶或在能见度很低的浓雾天气行车和工作,必须设置灯光照明系统。汽车照明装置包括前照灯、小灯、尾灯、雾灯、室内灯、仪表和时钟的照明灯、顶灯、工作灯、牌照灯、阅读灯、后备厢灯等。

5.辅助电气设备

为了给乘员提供良好的工作条件和舒适的乘坐环境,减轻疲劳,保证安全,许多新颖的电气设备逐步成为汽车上必不可少的装置,如挡风玻璃刮水器及洗涤器、暖风电动机、冷却风扇电动机、点烟器、玻璃升降器、电控车门锁、收音机天线升降器、电动座椅移动机构、电动后视镜、电子钟表和音响视听设备、汽车电话等。一般情况下,汽车档次愈高,辅助电气设备便愈完善。

6.配电装置

由于现代汽车电路日趋复杂,电器的数量和导线总长度日益增加,为了安装、检查的方便,众多复杂的导线都编扎成一定形状和长度的电线束。一般汽车均有发动机罩下线束、仪表盘-组合开关线束、底盘及后车架线束等。

为了便于导线之间连接准确、牢固,在线束与线束之间、线束与电器总成之间,广泛采用多头或单头插接件,相邻部位的插接件多用不同断面形状、不同颜色加以区分,以避免混淆。同一对插接件均有自锁机构,以防止线束松脱。

由于电路复杂,各用电器所需电流大小相差很大。为了用开关控制大电流工作,常用中间继电器作为媒介。继电器的控制线圈用小电流控制,而负载电流则从承载能力强的触点间通过,如转向闪光继电器、起动继电器、充电指示灯继电器、刮水器间歇继电器、前照灯继电器、喇叭继电器、空调继电器等。

五、汽车的新结构及新技术

为提高汽车的动力性、燃油经济性和操纵性能,改善乘员乘坐的舒适性和安全性,现代

①机油压力,机械、汽车行业术语(本意指压力所产生的压强),但行业内部已形成共识,其他相关的名称也未调整。故本书沿用此惯例,其单位为Pa,kPa等。特此说明。

汽车上采用了许多新结构和新技术，其中目前使用较普遍、较成熟的主要有电控汽油喷射系统、自动变速器、电控防抱死制动系统、巡航控制系统等。

1.电控汽油喷射系统

电控汽油喷射系统，借助于各种传感器，将发动机的转速、负荷、起动、加速、减速、冷却液温度、进气温度、进气流量等的变化转换成电信号，输送给电控单元，并与存储数据进行比较后，计算出当时所处工况下所需的喷油量的多少。然后向喷油器发出喷油时间长短的电信号，从而供给与当时工况相匹配的最佳喷油量。

根据控制方式的不同，电控汽油喷射系统有以下几种主要类型：

(1)"D"型电控汽油喷射系统。其主要特点是用进气压力传感器测出进气压力，然后再结合转速推算出发动机的进气量。

(2)"L"型电控汽油喷射系统。其主要特点是通过空气流量计直接测量发动机的进气量。

(3)发动机集中控制系统。这是一种利用一套传感器及电控装置，既可控制喷油，又可控制点火及其他项目的电控系统。

在现代汽车上，发动机集中控制系统得到了广泛应用，如德国博世(Bosch)公司生产的莫特朗尼克(Motronic)系统。在这个系统中，由于将点火与喷油同时考虑，因此油耗、功率、工况匹配、排污等性能更加优良。随着电控技术的发展，许多汽车不仅能够同时控制喷油与点火，而且还将废气再循环、怠速、爆燃、燃油蒸发排放等多项内容纳入发动机集中控制范围内，从而使汽车的性能得到进一步的改善。

2.自动变速器

自动变速器能实现自动操纵汽车起步和换挡等功能。它具有自动变速、连续变矩、换挡时不中断动力传递等特点，并具有操作轻便、换挡平稳、乘坐舒适、过载保护性能好等优点。采用此类变速器，可以大大减轻驾驶员的劳动强度，提高车辆行驶的机动性、越野性及交通安全性等。自动变速器的典型结构如图1-2-7所示。其结构组成可分为以下五部分：

(1)液力变矩器。

(2)行星齿轮机构。

(3)液压控制系统。

(4)在电控自动变速器上，除液压控制系统外，又增设了电控装置，如变速器锁止电磁阀、强制低挡电磁阀、超速挡电磁阀、停车挡锁止电磁阀、停车挡和空挡起动开关等。

(5)冷却、滤油装置。

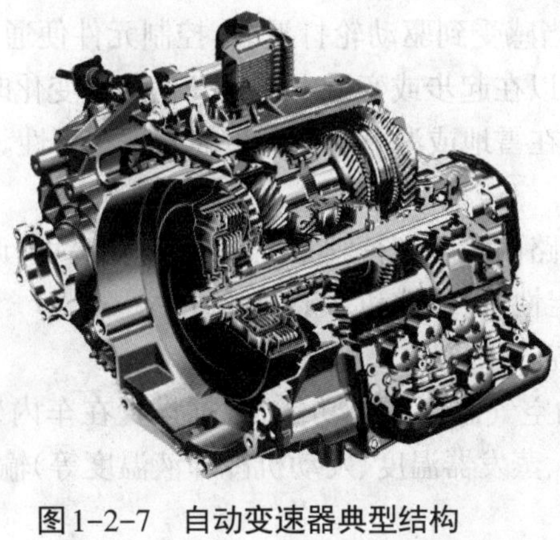

图1-2-7 自动变速器典型结构

3. 电控防抱死制动系统

理想的制动情况应该是：即使在紧急制动时，车轮也不应瞬间被抱死，而是应处于一种使地面附着力达到最大值时的边滚动边滑移的状态。要做到这一点，对于任何有经验的驾驶员都是极为困难的，只有通过电脑控制才能达到较为理想的制动防抱死性能。

所有的电控防抱死系统都具有故障自诊断功能，并具有后备功能。一旦出现故障，电控防抱死系统将以故障码形式显示信号，同时自动实现常规制动，以确保行车安全。

4. 巡航控制系统

汽车在高速公路上长时间行驶时，汽车的运行工况相对比较稳定，此时若装有自动行驶系统，将会给驾驶带来很大的方便。打开自动操纵开关，自动行驶系统将根据行驶阻力的变化，自动增减节气门的开度，从而使汽车的行驶速度保持稳定。这种使汽车能够保持稳定车速的自动行驶系统就是汽车的巡航控制系统。巡航控制系统主要由操作开关、车速传感器、巡航控制电脑、执行机构及安全磁性离合器等几部分组成。

目前常见的巡航控制系统的执行机构主要有两种形式：一种是真空控制方式，另一种是步进电机控制方式。

5. 其他控制系统

除上述系统和装置外，汽车上使用较多、较成熟的系统和装置还有以下几种。

(1)电控动力转向系统。

电控动力转向的形式较多，目前有电子控制前轮、后轮及前后四轮转向系统。它们分别显示出不同的优越性，如有的可获得最优化的转向作用力特性，有的主要是为了提高转向能力和转向响应性，有的主要用来改善高速行驶时的稳定性。目前电控动力转向的基本作用是通过控制转向力，保证汽车停驶或低速行驶时转向较轻便，而高速行驶时又确保安全。轿车动力转向的发展趋势是四轮转向系统，其特点是汽车在转向盘上只做轻微操作及缓慢转动时，或在高速行驶中改变行驶路线时，后轮与转向盘转动方向基本一致，这样行车摆动小，稳定性好。在车辆出入车库、左右转弯行驶及大转弯或调头时，后轮与转向盘转动方向相反，可使汽车轻易转弯，具有较小的转弯半径。电控系统在这里的作用，多是根据行驶工况，调整后轮转向角的大小，达到提高转向特性和转向响应性，以及改善高速行驶的稳定性等目的。

(2)驱动防滑系统。

该系统是在制动防抱死系统的基础上开发的，两系统有许多共用组件。该系统利用驱动轮上的轮速传感器，当感受到驱动轮打滑时，控制元件便通过制动装置或油门降低转速，使车轮不再打滑。它可以在起步或弯道中速度发生急剧变化时，改善车轮与路面间附着力，提高其安全性。该装置在雪地或湿滑路面上更能发挥其特性。

(3)电控悬架系统。

该系统能根据不同路面状况和行驶工况，控制车辆高度，调整悬架的阻尼特性及弹性刚度，改善车辆行驶的稳定性、操纵性和乘坐的舒适性。

(4)全自动空调系统。

该系统突破单一的空气温度调节功能，根据设置在车内外的各种温度传感器(车内温度、大气温度、日照强度、蒸发器温度、发动机冷却液温度等)输入的信号，由电脑进行平衡适度演算，对进气转换风扇、送气转换风门、混合风门、水阀、加热继电器、压缩机、鼓风机等进行控制，根据乘客要求，保持车内温度、湿度等处于最佳值。

(5)安全气囊系统。

该系统是汽车上常用的被动安全系统。在车辆相撞时，由电控元件用电流引爆安置在转向盘中央(有的在仪表板杂物箱后边也安装)的气囊中的氮化合物，它像“火药”似的迅速燃烧产生氮气，瞬间充满气囊，所有动作在0.02 s内完成。安全气囊的作用是在驾驶员与转向盘之间、前座乘员与仪表板间形成一个缓冲软垫，避免硬性撞击而受伤。此系统一定要与安全带配合使用，否则效果大为减弱。

(6)信息显示与报警系统。

该系统可将发动机的工况和其他信息参数通过电脑处理后，输出对驾驶员更有用的信息，并用数字、线条显示或声光报警。

显示的信息除水温、油压、车速、发动机转速等常见的内容外，还有瞬时油量、平均耗油量、平均车速、行驶里程、续驶里程、车外温度等。根据驾驶员的需要，可随时调出显示。

监视和报警的信息主要有燃油温度、冷却液温度、油压、充电、尾灯、前照灯、排气温度、制动液液面、驻车制动、车门未关严等，当出现不正常现象或自诊断系统测出有故障时，立即发出声光报警。

【任务检测】

一、选择题

1.下列发动机组成中柴油机所没有的是(　　)。

A.冷却系统　　B.起动系统
C.点火系统　　D.润滑系统

2.下列各零件中不属于曲柄连杆机构的是(　　)。

A.正时齿轮　　B.曲轴箱
C.扭转减震器　　D.活塞

3.柴油发动机的组成包括(　　)。

A.机体组　　B.配气机构　　C.冷却系统
D.点火系统　　E.燃料供给系统

4.下列各零件中不属于发动机燃油供给系统的是(　　)。

A.油泵　　B.空气滤清器
C.扭转减震器　　D.消声器

5.汽油发动机的组成包括(　　)。

A.机体组　　B.配气机构　　C.冷却系统
D.点火系统　　E.燃料供给系统

6.与柴油机相比，汽油机的压缩比(　　)。

A.大　　B.小　　C.相等　　D.不确定

7.汽车行驶系统不包括(　　)。

A.车架　　B.变速器　　C.悬架　　D.车轮

8.汽车底盘的组成包括(　　)。

A.发动机　　B.传动系统　　C.行驶系统

D.转向系统　　E.制动系统

9.汽车电源包括(　　)。

A.蓄电池和直流发电机　　B.蓄电池、交流发电机及调节器

C.蓄电池和点火装置　　D.交流发电机和起动机

10.发动机起动时,向起动机、点火系统及其他用电设备供电的是(　　)。

A.发电机　　B.蓄电池　　C.断电器　　D.发动机

11.汽车电气设备除了电源,还包括(　　)。

A.仪表装置　　B.信号装置　　C.照明装置

D.辅助电气设备　　E.配电装置

12.车辆上装置驱动防滑系统(ASR系统)的主要目的是(　　)。

A.提高制动稳定性　　B.提高车辆经济性

C.提高制动效能　　D.提高车辆行驶的稳定性

13.巡航控制系统包括(　　)。

A.操作开关　　B.车速传感器　　C.巡航控制电脑

D.执行机构　　E.安全磁性离合器

14.汽车紧急制动情况下,制动性能最佳的车轮滑移率在(　　)。

A.20%左右　　B.50%左右　　C.75%左右　　D.100%左右

15.电控汽油喷射系统尽管类型不少,品种繁多,但都以(　　)。

A.发动机转速和功率为控制基础

B.空气流量和节气门开度为控制基础

C.空气流量和发动机转速为控制基础

D.发动机转速和节气门开度为控制基础

16.目前常用的电控汽油喷射系统是德国Bosch公司生产的Motronic系统,它是(　　)。

A."D"型电控汽油喷射系统　　B."L"型电控汽油喷射系统

C."H"型电控汽油喷射系统　　D.发动机集中控制系统

17.上海桑塔纳2000型电控发动机以进气压力为主要控制参数,其采用的是(　　)。

A."D"型电控汽油喷射系统　　B."L"型电控汽油喷射系统

C."K"型电控汽油喷射系统　　D."KH"型电控汽油喷射系统

18.安全气囊属于(　　)。

A.必备装置　　B.保险装置

C.主动安全装置　　D.被动安全装置

19.下列(　　)信息可用于车辆监视和报警。

A.发动机输出功率　　B.发动机输出扭矩　　C.前照灯

D.燃油温度　　E.制动液液面

二、判断题，先判断后改错

1. 目前国内汽车电气系统的电压等级均采用12 V。 (　　)
2. 我国汽车电源的标称电压为12 V。 (　　)
3. 自动变速器降低了汽车的安全性。 (　　)

三、简答题

1. 简述汽车行驶系统的功用。
2. 汽车电气设备由哪几部分组成？
3. 简述汽车电源系统的组成及各部分的作用。
4. 自动变速器的功能和优点有哪些？
5. 根据控制方式的不同，电控汽油喷射系统有哪几种主要类型？各有何特点？

【评价与反馈】

班级:______________ 姓名:______________ 指导教师:______________

序号	考核项目	分值	考核内容	配分	考核标准	得分
1	出勤、纪律	5分	出勤	2分	违规一次不得分	
			行为规范	3分	违规一次不得分	
2	安全、防护、环保	20分	着装	2分	违规一次不得分	
			个人防护	3分	违规一次不得分	
			"5S""EHS"	5分	违规一次不得分	
			设备使用安全	5分	违规一次不得分	
			操作安全	5分	违规一次不得分	
3	任务检测	20分	任务测验成绩	20分	测验成绩的20%计	
4	技能考核	35分	技能测验成绩	35分	测验成绩的35%计	
5	学习能力	10分	工单填写,工艺计划制订	4分	未做不得分	
			组内活动情况	5分	酌情扣分	
			资料查阅和收集	1分	未做不得分	
6	任务拓展	10分	知识拓展任务	2分	未做不得分	
			技能拓展任务	8分	未做不得分	
总分		100分				

【教师评估】

序号	优点	存在问题	解决方案
教师签字:			

【学习后记】

任务三　汽车的使用寿命

【任务目标】

目标类型	目标要求
知识目标	(1)能描述汽车使用寿命的定义及分类 (2)能描述汽车经济使用寿命的指标 (3)能阐述车辆经济评价的主要内容
技能目标	(1)能运用所学知识分析部分国家汽车的平均经济使用寿命 (2)能够用不同的方法对车辆进行经济评价
情感目标	(1)养成耐心、细致的习惯 (2)培养良好的沟通能力

【任务描述】

汽车从开始使用的时间到不能使用的时间的整个时期，称为汽车的使用寿命。不同的汽车使用寿命差距很大，与哪些因素有关？我们怎样去延长它们的使用寿命？是不是越长越好呢？

【知识准备】

一、汽车的磨损形式及补偿方式

当单位或个人已购置了车辆之后，不论是否使用都可能产生磨损。一种情况是在汽车的使用过程中，在力的作用下，从其零部件到整个车辆摩擦、冲击、震动或疲劳所遭受的破坏；或是汽车在闲置状态下，受自然力的作用而产生的锈蚀；或者是因缺乏必要的维护而遭到破坏。这些磨损通常称为汽车的有形磨损(物理磨损)。另一种情况是出现了技术性能更全面、功能更先进的新型汽车，使原有汽车显得陈旧，在功能上落后，经济上使用不合算而产生的贬值，通常称为汽车的无形磨损(精神磨损)。有形磨损使得汽车的运行费用、维修费用增加，服务效果降低；无形磨损引起汽车使用经济效益降低或造成汽车过早淘汰，最终使汽车所有者利益受损。实际上，有形磨损和无形磨损往往是同时存在的，这时称为综合磨损。

汽车的磨损形式不同，其补偿的形式也不尽相同：有形磨损中的可消除性磨损可以用大修、更换和现代化改装方式补偿，有形磨损中的不可消除性磨损则只能用更换方式补偿。无形磨损中的使用价值降低可以用现代化改装和更换方式补偿；若无形磨损中汽车的使用价值并未降低，则可继续使用。综合磨损则可根据具体情况，选用大修、更换或现代化改装中的任一方式补偿。

二、汽车使用寿命

汽车从开始使用的时间到不能使用的时间的整个时期，称为汽车的使用寿命。

汽车使用寿命的实质，是指从技术和经济上分析汽车的使用极限的到达。汽车的使用寿命可以用累计使用年数或累计行驶里程数表示。汽车在正常使用过程中，其性能将随着使用年限(或行驶里程)的增加而逐渐下降，使用到一定期限就应报废，这是一种自然规律。

如果无限制地延长汽车的使用寿命，将导致下列不良后果：由于车辆老旧，其动力性、经济性大幅度下降，造成燃料、润滑料消耗增加，维修频繁，耗费大量的配件材料和工时，致使维修费用剧增，车辆平均技术速度下降，造成严重的空气污染及噪声公害；车辆完好率下降，导致运输效率下降，运输成本增加等。

研究汽车使用寿命的意义在于，保持在用车辆具有良好的使用性能，减少公害，节约能源，提高运力，充分提高车辆的社会效益和经济效益。进行汽车评估时，正确理解汽车使用寿命的概念，对于准确判断车辆的尚可使用寿命、合理估测车辆的成新率，从而尽可能准确地确定被评估车辆的价格，都具有重要意义。

1.汽车使用寿命分类

汽车使用寿命可分为：技术使用寿命、经济使用寿命、合理使用寿命。

它们之间的关系为：

技术使用寿命 > 合理使用寿命≥经济使用寿命。

(1)汽车技术使用寿命。汽车技术使用寿命是指从汽车开始使用，直至其主要机件到达技术极限状态而不能再继续修理时的总工作时间或总行驶里程。汽车技术使用寿命，主要取决于各总成的设计水平、制造质量和使用维修情况。汽车到达技术使用寿命时，车辆应予以报废，其零件也不能再做备件使用。汽车维修做得越好，汽车技术使用寿命会越长，但随着汽车使用寿命的延长，汽车维修费也将日益增加。

(2)汽车合理使用寿命。汽车合理使用寿命是以汽车经济使用寿命为基础，计入国民经济的承受能力，所制订的符合国情的使用期限。就是说，汽车已经达到了经济使用寿命，但是否要更新，还要视国情而定，如更新汽车的来源、更新的资金等因素。为此，国家根据上述情况制定出汽车更新的技术政策，考虑到国民经济的可行性予以修正，规定车辆更新期限。

(3)汽车经济使用寿命。汽车经济使用寿命是指汽车使用到一定里程，通过全面经济分析，汽车已达到不经济合理的寿命时刻。汽车经济使用寿命是汽车经济效益最佳时机，人们研究汽车的使用寿命应主要研究汽车的经济使用寿命。

国外对汽车经济使用寿命进行了大量的研究工作，据资料介绍，在一辆汽车的整个使用寿命内，汽车的制造费用平均约占全部使用期内总费用的15%，而汽车的使用、维修费用则占总费用的85%。如果汽车在长期运用中能保持其较低的使用维修费用，那么其经济使用寿命则延长；反之，则缩短。

许多国家的汽车使用期限完全按经济规律确定，除考虑车辆本身的运行费用增长外，还考虑新车型性能的改进和价格下降因素。表1-3-1所示为部分国家载重汽车的平均经济使用寿命。

表1-3-1 部分国家载重汽车平均经济使用寿命

国别	美国	日本	德国	法国	英国	意大利
平均经济使用寿命/年	10.3	7.5	11.5	12.1	10.6	11.2

2.汽车经济使用寿命的指标

汽车经济使用寿命的主要指标有:年限、行驶里程、使用年限和大修次数。

(1)年限。是指汽车从开始投入运行到报废的年数,作为使用寿命的量标。这种方法除考虑了运行时间外,还考虑了车辆停驶期间的自然损耗。这种计量方法虽然比较简单,但是不能真实地反映汽车的使用强度和使用条件,造成同年限车辆之间技术状况差异很大。

(2)行驶里程。是汽车从开始投入运行到报废期间总的累计行驶里程数,作为使用期限的量标。这种方法反映了汽车的真实使用强度,但不能反映出运行条件和停驶期间的自然损耗。

专业运输车辆,由于其运行条件差异较大,所以年平均行驶里程相差很大。这样,虽然使用年限大致相同,但累计行驶里程相差悬殊。汽车运输企业中,大多数以行驶里程作为考核车辆各项指标的基数。

(3)使用年限。是把汽车总的行驶里程与平均行驶里程之比所得年限,作为使用年限的量标,即

$$T_{折} = \frac{L_{总}}{L_{年}}$$

式中:$T_{折}$——折算年限(年);

$L_{总}$——总的累计行驶里程(km);

$L_{年}$——年平均行驶里程(km)。

年平均行驶里程是用统计方法确定的,与车辆的技术状态、完好率、平均技术速度和道路条件等因素有关。我国城市和市郊运输车辆年平均行驶里程一般为40000 km左右,长途货车为50000 km左右。营运汽车在行驶过程中,由于车辆的技术状况、平均技术速度和道路条件等因素不同,年平均行驶里程的差异较大,但车辆的年平均使用强度基本相同。因此,按折算年限基本上可以在全国范围内取得统一指标。这对于社会专业运输和社会零散运输车辆也是适用的。但由于使用强度相差太大,年平均行驶里程也不相同,其使用年限也不相同,社会零散车辆的管理水平、使用水平、维修水平一般都比较低,所以这些车辆都不能按运输车辆的指标要求,应相对于专业运输企业车辆的使用寿命做适当的修正。这种(使用年限)表示方法既反映了车辆的使用情况、强度,又包括了运行条件和某些停驶时间较长的车辆的自然损耗。

(4)大修次数。汽车在使用过程中,当动力性、经济性下降到一定程度,已无法用正常的维护和小修方法使其恢复正常技术状况时,就要进行大修。

运输企业除用里程为量标外,也可用大修次数作为量标。汽车报废之前,需权衡买新车的费用加旧车未折完的损失和大修费用加经营费用的损失,来预测截止到第几次大修最经济合算。

对全国范围来说,采用使用年限这个量标比采用行驶里程更为合理。因为我国地域辽阔,地理、气候、道路条件差异较大,管理水平有高有低。有些省、市、区,即使是相同的使用

年限,车辆的总行驶里程也是有的长,有的短,车辆技术状况也不相同。为此,采用使用年限作为主要考核指标更为确切。从理论上讲,进行汽车评估时,也应采用使用年限作为估测车辆成新率的量标。但在实际的汽车评估时,由于被评估车辆里程表的读数可信度不高,而且各省、市、区的各类车辆的平均行驶里程也难以取得,因此在一般情况下,仍以汽车从开始投入运行到评估基准日之间的期限作为评估汽车成新率的主要量标。

3.影响汽车经济使用寿命的因素

在确定汽车经济使用寿命时,应从提高经济效益的观点进行分析,找出影响汽车经济使用寿命的主要因素。正确理解和分析这些因素,对汽车评估具有一定的参考价值。

汽车的经济使用寿命主要受汽车的有形损耗和无形损耗两方面因素的影响。

无形损耗是指由于技术进步、生产发展,出现了性能更好、生产效率更高的新型车,或出现原车型价格下降等情况,促使在用车辆提前更新。实际上是旧车型对新车型的贬值。

有形损耗是指车辆在使用过程中本身的消耗,主要与运输成本有关。

汽车运输成本一般包括:

$$C=C_1+C_2+C_3+C_4+C_5+C_6+C_7+C_8+C_9$$

式中:C_1——燃料费用;

C_2——维护、小修费用;

C_3——大修费用;

C_4——基本折旧费用;

C_5——轮胎费用;

C_6——驾驶员工资费用;

C_7——管理费用;

C_8——养路费用;

C_9——其他费用。

其中,C_5至C_9是与汽车经济使用寿命无关的因素。当使用寿命确定后,C_4基本是一个定值。只有C_1、C_2、C_3是随行驶里程(或使用年限)的增长、车况的下降而增加。因此,应对与汽车经济使用寿命有关的因素C_1、C_2、C_3予以进一步分析。

(1)燃料费用。汽车随着行驶里程的延长、技术状况逐渐变坏,其主要性能也不断地下降,燃料消耗也不断增加。

(2)维护、小修费用。维护、小修费用是指汽车在使用过程中,各级维护费用及日常小修费用的总和,它主要由维修过程中实际消费配件费、工时费和消耗的材料费用来确定。车辆行驶里程增加,各级维护作业中的附加小修项目和日常小修作业项目的费用也随之增加。

(3)大修费用。汽车在使用过程中,当动力性和经济性下降到一定程度,已无法用正常的维护和小修方法使其恢复正常技术状况时,就必须进行大修。随行驶里程(或使用年限)的增长,大修费用将逐渐增加,且大修间隔里程逐渐缩短。

在计算大修费用时,要把某次的大修费用均摊在此次大修至下次大修的间隔里程段内,即相当于大修后间隔里程段的投资。

三、车辆的经济评价

1.几个技术术语的定义

(1)收益。收益是指净现金流量,即现金流入量减去现金流出量。它尚未扣除投资的资本成本。表现收益大小的方式有两种:

①收益数额——金额。如一辆从事营运的汽车,一年内净收入5万元,5万元就是这辆车的收益数额。

②收益率。收益率是收益数额对投资数额的比率。它表明每元投资所得的收益。收益的多少和投资大小有关。为了比较各项投资收益的大小,用收益率作为标准。

$$收益率=\frac{收益数额}{投资数额}$$

(2)现值。现值通常以字母P表示。它是指发生在(或折算为)某一特定时间序列起点的现金流量。

(3)终值。终值也称未来值或将来值,通常以字母F表示。它是指发生在(或折算为)某一特定时间序列终点的现金流量。

(4)等额序列值。等额序列值通常以字母A表示。它是指发生在(或折算为)某一特定时间序列各时间期末(不包括零期)并且金额大小相等的现金流量序列,也常称年金。

(5)不等额序列值。不等额序列值通常以字母A_t表示。它是指发生在某一特定时间序列各时间期末,并且金额大小不一定相等的现金流量序列。若现金流量从第二期起逐期等差递增(或减),则称为等差序列值。若现金流量从第二期起按某一固定比例递增(或减),则称为等比序列值(或几何序列值)。

(6)折现率。折现率通常用字母i表示。在经济分析中如果不做其他说明,一般指年利率或收益率。

(7)时间。这里的时间是指在等值计算中计算时间价值的期数,通常以年来计。

2.车辆经济评价的主要内容

车辆经济评价是评价车辆选型方案的重点内容之一。进行车辆经济评价需要测算车辆的寿命周期费用。车辆寿命周期费用可分为两部分:

(1)投资费(又称原始费、购置费)。指一次性支出或集中在短时间内支出的费用。企业自制的车辆包括研究、设计、制造等费用;而外购的车辆则是指车辆的价格、运输费、安装调试费等费用支出。

(2)使用费(又称维持费)。指的是在整个车辆寿命周期内,为了保证车辆正常运行而定期支付的费用,主要包括能源消耗费、维修费、保险费、车船占用费、直接作业人员的工资等。

3.车辆经济评价的方法

(1)投资回收期法,是通过分析计算不同车辆的投资回收期来综合考虑车辆的选型。投资回收期T的计算公式为:

$$T=\frac{K-r}{R-d}$$

式中：K——车辆投资总额；

r——车辆残值；

R——车辆年净收益；

d——车辆年折旧额。

在其他条件相同的情况下，可选择投资回收期最短的车辆为最佳车辆的选型方案。

(2)车辆年平均费用法，是根据各个不同的车辆提出备选方案，计算出年平均费用，以最小年平均费用的选购方案，作为优选车辆设备的购置方案。它适用于各个车辆在每年的维修费不同、使用费用不同时进行的经济评价。车辆年平均费用C_y的计算公式如下：

$$C_y=\frac{I+\sum_{i=1}^{T_e}C_i}{T_e}$$

式中：I——车辆购置费用(基本投资)；

T_e——车辆的经济使用寿命(年限)；

C_i——车辆在第i年的使用费用总额。

(3)所谓综合效率是指计算车辆寿命周期输出和输入的综合经济效益，根据综合经济效益最大的原则选择和评价车辆。车辆综合效率β_{max}的计算公式如下：

$$\beta_{max}=\frac{P_{out}}{P_{in}}$$

式中：P_{out}——车辆寿命周期输出；

P_{in}——车辆寿命周期输入。

车辆寿命周期输出，是指保证产量、质量、价格、交货期、安全、环保等条件下所创造的总收入(益)。车辆寿命周期输入是指车辆本身的价值、运输费、安装费和维持费，其中的维持费包括驾驶员或操作者的工资、能源消耗费、维修费、保险费、固定资产税以及车辆损坏停产的损失费等内容。

(4)用费用换算法进行车辆经济评价时，若涉及的投资或使用费用金额很大，还应考虑所支付资金的时间价值。费用换算法是在其他条件相同的情况下，结合考虑资金的时间价值，计算车辆的投资费用和使用后的维持费用，并选择总费用最小的车辆为最好的备选车辆。具体方法有年费用法和现值法两种。

①年费用法。该方法是在考虑资金是时间价值的前提下，将车辆购置费用换算成相当于投入使用后每年的支出，然后加上每年的维持费，计算出车辆每年总费用的换算方法。

②现值法。该方法也是在考虑资金的时间价值的前提下，将车辆使用过程中每年支出的使用费用换算成现值，再加上车辆的购置费，求得车辆寿命周期总费用的现值的换算方法。其计算公式如下：

$$C_t=K+C_a\frac{(1+i)^n-1}{i(1+i)^n}$$

式中：K——车辆一次性投资费用；

C_a——车辆每年维持费；

i——折现率；

n——车辆寿命周期(年)；

其中$\frac{(1+i)^n-1}{i(1+i)^n}$为等额序列现值系数，也可以用符号$(P/A,i,n)$表示。其数值可按车辆寿命周期$n$、折现率$i$，直接查本书附录取得。

【任务检测】

一、选择题

1.机动车技术、经济和合理使用寿命三者的关系是(　　)。

A.经济使用寿命>合理使用寿命≥技术使用寿命

B.技术使用寿命>经济使用寿命≥合理使用寿命

C.合理使用寿命>经济使用寿命≥技术使用寿命

D.技术使用寿命>合理使用寿命≥经济使用寿命

2.汽车从开始使用到不能使用的整个时期中，时间最长的是(　　)。

A.技术使用寿命　　B.经济使用寿命

C.合理使用寿命　　D.自然寿命

3.电控汽油喷射系统的使用，提高了汽车的燃油经济性，降低了汽车的排放污染，这使得化油器的(　　)。

A.自然使用寿命缩短　　B.正常使用寿命缩短

C.合理使用寿命缩短　　D.技术使用寿命缩短

4.汽车的经济使用寿命的指标——规定使用年限是汽车从投入运行到报废的年数，没有考虑(　　)。

A.使用条件和使用强度　　B.使用状况

C.运行时间　　D.闲置时间的自然损耗

5.汽车的无形损耗是由于(　　)。

A.缴纳车辆购置税　　B.缴纳保险税

C.缴纳公路养路费　　D.性能提升、价格下降的新车型推出

6.汽车的有形损耗不包括(　　)。

A.缴纳车辆购置税　　B.缴纳保险税

C.缴纳公路养路费　　D.性能提升、价格下降的新车型推出

7.我国地域辽阔，地理、气候、道路条件差异较大，管理水平有高有低，因此汽车经济使用寿命指标宜采用(　　)。

A.年限　　B.行驶里程　　C.使用年限　　D.大修次数

8.下列(　　)费用属于汽车运输成本。

A.购车费用　　B.燃料费　　C.养路费用

D.大修费用　　E.保险费用

9.汽车经济使用寿命的指标使用年限，可用汽车(　　)。

A.规定行驶里程数/年平均行驶里程数表示

B.总的行驶里程数/年平均行驶里程数表示

C.总的行驶里程数/规定行驶里程数表示

D.年平均行驶里程数/规定行驶里程数表示

10.汽车经济使用寿命的主要指标有（　　）。

A.年限、行驶里程、使用年限和大修次数

B.使用时间、行驶里程、总用油量

C.重大事故次数

D.发动机功率、100 km耗油量

11.上海对排量小于0.8 L(含0.8 L)的出租车，规定使用年限由原来的8年调整为6年，这对二手车来说就意味着（　　）。

A.贬值　　B.不确定　　C.升值　　D.无影响

12.车辆经济评价的方法包括（　　）。

A.投资回收期法　　B.车辆年平均费用法　　C.综合效率法

D.费用换算法　　E.现值法

13.用费用换算法进行车辆经济评估时，在其他条件相同的情况下，结合考虑资金的时间价值，计算车辆的投资费用和使用后的维持费用，应选择（　　）。

A.总费用最小的车辆为最好的备选车辆

B.总费用最大的车辆为最好的备选车辆

C.总费用为平均水平的车辆为最好的备选车辆

D.任选一辆车做备选车辆

14.下列属于车辆寿命周期费用中投资费的是（　　）。

A.研发费用　　B.车辆价格　　C.运输费

D.保险费　　E.维修费

二、名词解释

1.汽车技术使用寿命

2.汽车合理使用寿命

3.无形损耗

4.有形损耗

三、判断题，先判断后改错

1.购车时，按国家规定缴纳的购置税属于汽车的无形损耗。（　　）

2.汽车的大修费用属于汽车的有形损耗。（　　）

3.二手车的功能性贬值是由于有形损耗，而最终导致车辆价值贬值。（　　）

4.汽车的使用寿命是指汽车从生产制造开始到报废的整个时间过程。（　　）

四、简答题

1.简述汽车使用寿命分类及相互关系。

2.什么是汽车使用寿命？它分为哪几种？它们之间的关系是什么？

3.简述汽车经济使用寿命的评价指标及其主要影响因素。

4.简述工薪阶层家庭用轿车运输成本的主要组成部分。

5.简要分析汽车运输成本与汽车经济使用寿命的关系。

6.简述车辆经济评价的主要内容及评价方法。

【评价与反馈】

班级:____________ 姓名:____________ 指导教师:____________

序号	考核项目	分值	考核内容	配分	考核标准	得分
1	出勤、纪律	5分	出勤	2分	违规一次不得分	
			行为规范	3分	违规一次不得分	
2	安全、防护、环保	20分	着装	2分	违规一次不得分	
			个人防护	3分	违规一次不得分	
			“5S”“EHS”	5分	违规一次不得分	
			设备使用安全	5分	违规一次不得分	
			操作安全	5分	违规一次不得分	
3	任务检测	20分	任务测验成绩	20分	测验成绩的20%计	
4	技能考核	35分	技能测验成绩	35分	测验成绩的35%计	
5	学习能力	10分	工单填写,工艺计划制订	4分	未做不得分	
			组内活动情况	5分	酌情扣分	
			资料查阅和收集	1分	未做不得分	
6	任务拓展	10分	知识拓展任务	2分	未做不得分	
			技能拓展任务	8分	未做不得分	
总分		100分				

【教师评估】

序号	优点	存在问题	解决方案
教师签字:			

【学习后记】

任务四　汽车的主要技术参数和性能指标

【任务目标】

目标类型	目标要求
知识目标	(1)能描述汽车主要外部尺寸 (2)能描述汽车主要质量参数 (3)能阐述汽车基本性能指标
技能目标	(1)能运用所学知识分析汽车的技术参数 (2)能够判断出汽车动力性、燃料经济性、制动性能的好坏
情感目标	能养成良好的“5S”习惯

【任务描述】

给出不同型号汽车的最高车速、加速时间、爬坡能力、燃料消耗量、制动距离等一些参数,同学们能从中分析出这些车辆性能的好坏吗?

【知识准备】

一、汽车的主要外部尺寸

1.汽车的主要外部尺寸(如图1-4-1所示)

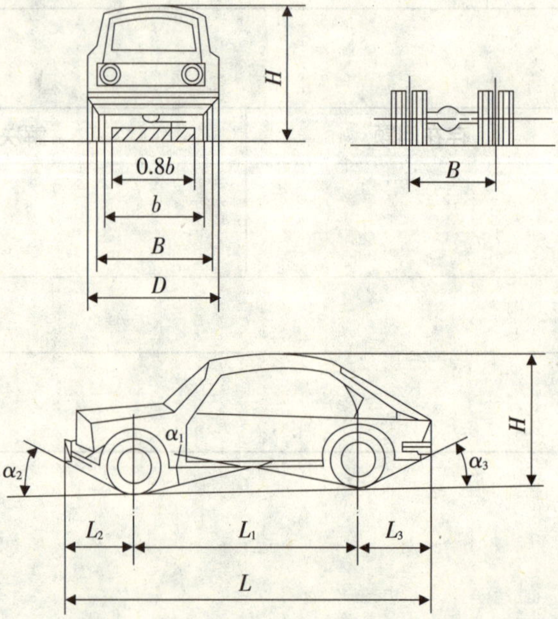

图1-4-1　汽车外部尺寸及机动性、通过性参数

图中的主要尺寸如下：

(1)车长L。指垂直于车辆纵向对称平面，并分别抵靠在汽车前、后最外端突出部位的两垂面之间的距离。

(2)车宽D。指平行于车辆纵向对称平面，并分别抵靠在车辆两侧固定突出部分(不包括后视镜、侧面标志灯、转向指示灯、挡泥板、折叠式踏板、防滑链及轮胎与地面接触变形部分)的两平面之间的距离。

(3)车高H。指车辆没有装载且处于可运行状态时，车辆支撑平面与车辆最高突出部位相抵靠的水平面之间的距离。

(4)轴距L_1。指通过车辆同一侧相邻两车轮的中心点，并且垂直于车辆纵向对称平面的两垂线之间的距离。

(5)轮距B。同一轴上两端车轮中心平面之间的距离。

(6)前悬L_2。指通过两前轮中心的垂面与抵靠在车辆最前端(包括前拖钩、车牌及任何固定车辆前部的刚性部件)，并且垂直于车辆纵向对称平面的垂面之间的距离。

(7)后悬L_3。指通过车辆最后轮轴线的垂面与抵靠在车辆最后端(包括牵引装置、车牌及固定在车辆后部的任何刚性部件)，垂直于车辆纵向对称平面的垂面之间的距离。

根据国家标准GB 1589—2016《汽车外廓尺寸限界》的规定，各种车辆的外廓尺寸不得超出表1-4-1规定的范围。

表1-4-1 汽车外廓尺寸限界

汽车类型	外廓尺寸限界/m		
	车长	车宽	车高
载货汽车(包括越野、载货汽车)	≤12	≤2.5	≤4
整体式客车	≤12		
单铰接式客车	≤18		
双铰接式客车(在指定路线上行驶)	≤23		
半挂汽车列车	≤16.5		
全挂汽车列车	≤20		

2.汽车的机动性和通过性参数

汽车的机动性和通过性参数如图1-4-1所示。图中的主要参数如下：

(1)纵向通过角α_1。是指车辆静载时，分别切于前、后轮胎外缘的两平面相交于车底下部较低部位所夹的最小锐角。该角为车辆可以超越的最大角度，即车辆的纵向通过角。

(2)接近角α_2。指车辆静载时，水平面与切于前轮轮胎外缘的平面之间的最大夹角。前轴前面任何固定在车辆上的刚性部件不得在此平面的下方。

(3)离去角α_3。指车辆静载时，水平面与切于后轮轮胎外缘的平面之间的最大夹角。位于最后车轴后方任何固定在车辆上的刚性部件均不得在此平面的下方。

(4)最小离地间隙。是指车辆支撑平面与车辆上的中间区域内最低点之间的距离。中间区域为平行于车辆纵向对称平面且与其等距离的两平面之间所包含的部分，两平面之间的距离为同一轴上两端车轮内缘最小距离的80%。

(5)转弯直径。是指当转向盘转到极限位置时,内、外转向轮的中心平面在车辆支承平面上的轨迹圆直径。

3.汽车转向系统参数

汽车转向轮定位主要通过以下参数来表示:

(1)车轮前束。以汽车前轴两端车轮轮胎内侧轮廓线的水平直径端点作为等腰梯形的顶点,等腰梯形前、后底边的长度之差称为车轮前束。当梯形前底边小于后底边时,前束为正;反之,则为负。车轮的水平直径与汽车纵向对称平面的夹角为前束角。

(2)车轮外倾角。车轮外倾角是指车轮在安装后,其端面向外倾斜,即车轮所处平面和纵向垂直平面间的夹角。

(3)主销内倾角。在同时垂直于车轮支承平面和汽车纵向对称平面内,由真实(或假想)的转向主销在该平面上的投影与车轮支承平面的垂线所构成的锐角,称为主销内倾角。

(4)主销后倾角。过车轮回转中心的铅垂线和真实(或假想)的转向主销轴线在汽车纵向对称平面的投影线所构成的锐角,称为主销后倾角。

(5)最大转角。转向车轮由直线行驶状态转到转向盘极限位置时,车轮中心平面与车辆纵向对称平面所构成的夹角。最大转角分右转最大转角和左转最大转角。

4.质量参数

汽车主要有以下几个质量参数:

(1)整车干质量。装备有车身、全部电气设备和车辆正常行驶时所需要的辅助设备完整的质量(不包括燃料和冷却液质量)与选装装置质量(包括固定的或可拆装的铰接侧栏板、篷杆、防水篷布及系环、机械的或已加注油液的举升器等)的质量之和。

(2)整车整备质量。整车干质量、冷却液质量、燃料(不少于整个油箱容量的90%)质量与随车件(包括备用车胎、灭火器、标准备件、随车工具等)质量之和。

(3)最大装载质量。最大货运质量与最大客运质量(包括驾驶员的质量)之和。

(4)厂定最大总质量。整车整备质量与最大装载质量之和。

(5)允许最大总质量。车辆管理部门根据使用条件而规定的最大总质量。

(6)厂定最大装载质量。厂定最大总质量与整车整备质量之差。

(7)允许最大装载质量。允许最大总质量与整车整备质量之差。

(8)厂定最大轴载质量。制造厂考虑到材料强度、轮胎承载能力等因素而核定出的轴载质量。

(9)允许最大轴载质量。车辆管理部门根据使用条件而规定的轴载质量。

二、汽车的基本性能指标

汽车的好坏总是通过具体的性能和性能指标加以评价的。通常所说的汽车基本性能是指动力性、燃料经济性、制动性能、通过性、操纵稳定性、平顺性、汽车公害、可靠性及耐久性等。

1.动力性

汽车的动力性是指汽车行驶的平均速度,也称为行驶性能。动力性是汽车各项性能中

最基本、最重要的一种性能。从获得尽可能高的平均速度的观点出发,汽车动力性主要可用以下三方面指标加以评定:

(1)汽车的最高车速。最高车速是指在良好的水平路面上汽车所能达到的最高行驶速度。当发动机的油门全开,连续换挡加速时,驱动力不久便会和行驶阻力相平衡而达到稳定的行驶车速,这个稳定车速就是最高车速。

(2)汽车的加速时间。汽车加速能力对平均行驶车速有很大的影响,常用原地起步加速时间与超车时间来表明汽车的加速性能。原地起步加速时间,是指汽车由低挡起步并以最大的加速度逐步换至高挡后,到达某一预定的距离或车速时所需的时间。这段时间一般用汽车原地起步加速通过400 m距离所需的秒数来表示,或用从0加速到80 km/h所用的时间来表示。超车时间指用最高挡或次高挡从某一中间车速全力加速至某一高速时所需要的时间。超车能力目前还没有统一的规定,采用较多的是用高挡或次高挡由30 km/h或40 km/h全力加速至某一高速时所需的时间。也可用加速曲线,即时间与车速曲线、时间与距离曲线全面地反映汽车加速能力。

(3)汽车爬坡能力。汽车爬坡能力用汽车满载时在良好路面上的最大爬坡度来表示。显然,最大爬坡度是指汽车最低挡的最大爬坡度。最大爬坡度是衡量汽车在山区道路上行驶动力性的主要指标。货车的最大爬坡度一般在30%,即16.5°左右;越野车要求较高,一般在60%,即30°左右或更高。轿车通常是在较好的平坦路面上行驶,所以不强调它的爬坡能力。

2.燃料经济性

汽车燃料经济性,一般用单位里程的燃料消耗量或单位容积燃料的行驶里程来表示。我国规定燃料经济性指标用行驶100 km所消耗燃料的升数来表示。欧洲的一些国家也采用该指标作为评价汽车燃料经济性的标准。此数值越大,表明汽车的燃料经济性越差。美国采用的评价指标为每加仑燃料能行驶的英里数。此数值越大,汽车的燃料经济性越好。汽车燃料经济性主要可以用以下四方面的指标加以判定:

(1)加速燃料消耗量。加速燃料消耗量是汽车按照一定的规程,加速通过一定距离所消耗的燃料数量。它反映了汽车加速行驶时的燃料经济性。

(2)等速燃料消耗量。等速燃料消耗量是汽车保持一定的车速,通过一定距离所消耗的燃料量。它反映了汽车匀速行驶时的燃料经济性。

(3)多工况燃料消耗量。多工况燃料消耗量是汽车按照加速、匀速、减速等规定的工况通过一定距离所消耗的燃料量。其中各种规定的工况都是根据具体的车型在道路上行驶时的实际情况加以概括总结而得到的。因此多工况燃料消耗量能够比较全面地反映汽车行驶的燃料经济性。

(4)平均使用燃料消耗量。平均使用燃料消耗量是把试验车辆投入实际使用,在使用中认真测量汽车行驶里程和燃料消耗量,最后计算出平均燃料消耗量。这一种"不控制道路"的试验结果能够较好地反映实际情况,但要真正做到准确测量是很困难的,同时还需要很长的试验时间。

3.制动性能

制动性能是指汽车在行驶中能人为地强制降低行驶速度并根据需要停车的能力。汽车制动性能是汽车的主要性能之一，制动性能的优良与否直接关系到汽车行驶的安全性的高低。汽车制动性能主要可以用以下三方面的指标加以评定：

(1)制动效能。制动效能一般用制动减速度、制动距离和制动力来评价，它是制动性能最基本的评价指标。制动效能是指在良好的路面上，汽车以一定初速度开始制动到停车时的制动距离和制动减速度。汽车年审进行安全检测时，主要检测制动力。GB 7258—2017《机动车运行安全技术条件》中规定：汽车总制动力必须大于或等于汽车整备质量的60%。

(2)制动抗热衰退性。制动抗热衰退性指的是高速行驶或下长坡连续制动时，汽车能够保持制动性能的程度。

(3)制动时汽车的方向稳定性。制动时汽车的方向稳定性通常用汽车按给定轨迹行驶的能力来评价。制动时汽车发生跑偏、侧滑或失去转向能力，则汽车将偏离原来的轨迹。

4.通过性

汽车的通过性亦称为越野性，是指汽车在满载情况下能以足够高的平均车速通过各种坏路、无路地带(如松软的土壤、沙漠、雪地、沼泽等)、坎坷不平地段和克服各种障碍(陡坡、侧坡、台阶、壕沟、灌木丛等)的能力。汽车通过性与其本身的几何参数(如最小离地间隙、接近角、离去角和纵向通过角)之间有密切的关系。

5.操纵稳定性

所谓操纵稳定性是指汽车能否按照驾驶人员的意愿被控制。操纵性是驾驶员以最少的修正而能维持汽车按照给定路线行驶的能力，以及按照驾驶员的愿望操纵转向机构以改变汽车行驶方向的能力。稳定性是驾驶员固定转向盘、给定汽车一个行驶方向时，汽车抵御企图改变其行驶方向的外力或者外力矩的能力。我国国家标准规定进行操纵稳定性试验时，应测试如下项目：蛇行试验、转向瞬态响应试验、转向回正性能试验、转向轻便性试验、稳态回转试验。

6.平顺性

平顺性主要是根据乘坐者的舒适程度来评价的，所以平顺性有时也叫作乘坐舒适性。广义的舒适性指车内宽广度、视野、座椅舒适性、车内安静程度和各部位的震动大小等。通常所说的舒适性仅指乘客对震动的适应程度。汽车行驶时，要求对路面有良好的隔震特性，汽车的这一性能称为行驶平顺性。

汽车行驶平顺性的评价方法，通常是根据人体对震动的生理感受和保持货物的完整程度来制订的，并用表征的物理量如频率、振幅、位移、加速度等作为评价指标。

7.汽车公害

汽车公害一般是指汽车噪声、有害排放物和无线电干扰波。有害排放物是指汽车排出的一氧化碳、碳氢化合物、氮氧化物和碳烟。

汽车噪声，是以其工作时噪声声压级的分贝数作为评价指标的。汽车排出的一氧化碳、碳氢化合物和氮氧化物，通常以质量分数或重量作为评价指标。柴油车排出的碳烟以波许烟度值作为评价指标。汽车无线电干扰波用其特定频段的场强值作为指标评价。

8.可靠性

汽车可靠性分为狭义可靠性和广义可靠性。狭义可靠性是指在规定的时间内和规定的条件下,完成规定功能的能力。广义可靠性是指在整个寿命周期内和规定条件下,完成规定功能的能力。

汽车可靠性评价指标很多,常用的指标有平均首次故障里程(MTTFF)、平均故障间隔里程(MTBF)、当量故障率、1000 km维修时间、1000 km维修费用和有效度等。

9.耐久性

耐久性是汽车在规定的使用和维修条件下,达到某种技术或经济指标极限时,完成规定功能的能力。一般只有大批量生产的汽车才进行耐久性试验。

【任务检测】

一、选择题

1.根据GB 1589—2016的规定,越野车车长应(　　)。

A.小于或等于8 m　　B.小于或等于10 m

C.小于或等于12 m　　D.小于或等于14 m

2.根据GB 1589—2016规定,货车的车长不得超过(　　)。

A.8 m　　B.10 m　　C.12 m　　D.14 m

3.根据GB 1589—2016规定,货车的车宽不得超过(　　)。

A.1.5 m　　B.2 m　　C.2.5 m　　D.3.5 m

4.汽车动力性的评价指标是(　　)。

A.最高车速　　B.加速时间　　C.最大爬坡度

D.附着率　　E.最小离地间隙

5.汽车的最大爬坡能力是指(　　)。

A.一挡空载时最大爬坡度　　B.直接挡的最大爬坡度

C.汽车最高车速的最大爬坡度　　D.汽车满载时一挡的最大爬坡度

6.我国国家标准规定进行车辆操纵稳定性试验,应测试(　　)。

A.耐久性试验　　B.可靠性试验

C.滑行试验　　D.蛇形试验

二、填空题

1.汽车动力性评价指标有最高车速、________和________。

2.汽车燃油经济性主要可用加速燃油消耗量、________、________、和________这四方面的指标加以判定。

3.汽车通过性与其本身的几何参数如最小离地间隙、____________、____________、和____________之间有密切关系。

三、判断题，先判断后改错

1.整车整备质量包括所有的机件、备胎、随车工具、备品配件，但不包括燃料和水的质量。(　　)

2.整车干质量包括所有的机件、备胎、随车工具、备品配件，还包括燃料和水的质量。(　　)

四、简答题

1.汽车主要的质量参数有哪些？

2.简述汽车的基本性能指标。

【评价与反馈】

班级:__________ 姓名:__________ 指导教师:__________

序号	考核项目	分值	考核内容	配分	考核标准	得分
1	出勤、纪律	5分	出勤	2分	违规一次不得分	
			行为规范	3分	违规一次不得分	
2	安全、防护、环保	20分	着装	2分	违规一次不得分	
			个人防护	3分	违规一次不得分	
			“5S”“EHS”	5分	违规一次不得分	
			设备使用安全	5分	违规一次不得分	
			操作安全	5分	违规一次不得分	
3	任务检测	20分	任务测验成绩	20分	测验成绩的20%计	
4	技能考核	35分	技能测验成绩	35分	测验成绩的35%计	
5	学习能力	10分	工单填写,工艺计划制订	4分	未做不得分	
			组内活动情况	5分	酌情扣分	
			资料查阅和收集	1分	未做不得分	
6	任务拓展	10分	知识拓展任务	2分	未做不得分	
			技能拓展任务	8分	未做不得分	
总分		100分				

【教师评估】

序号	优点	存在问题	解决方案
教师签字:			

【学习后记】

项目二　汽车评估基础

任务一　汽车评估概述

【任务目标】

目标类型	目标要求
知识目标	(1)描述汽车评估的定义 (2)描述汽车评估的目的 (3)阐述汽车评估的主客体
技能目标	(1)能运用所学知识分析出汽车评估的具体目的 (2)能够指出汽车是否能进行评估
情感目标	养成注意观察、分析的习惯

【任务描述】

张先生有一辆二手大众途观，打算出售。想找一个合适的地方估算这台车值多少钱，他应该怎么做呢？

【知识准备】

一、概述

汽车评估是由评估机构的专业评估人员，根据特定的目的，遵循客观经济规律和公正的原则，按照法定的标准和程序，运用科学的方法，对汽车的现时价格进行评定和估算。其核心是对汽车在某一时间点的价格进行估算。

由定义可知，汽车评估由六大基本要素组成，即汽车评估的目的、评估的主体、评估的客体、估价标准、评估规程和评估方法。其中评估的目的表明为什么要对汽车进行评估，它直接决定估价标准和制约评估方法。评估的主体是指汽车的鉴定和评估的承担者。评估的客体是指被鉴定和评估的车辆。评估标准是指评估采用的价格计量标准，是对评估价值的质量的规定，它对评估方法的选择具有一定的约束。评估规程是指汽车评估必须遵循的规则程序。评估方法是确定汽车评估值的具体手段与途径，它既受价格计量标准的制约，又要根据实际可用的资料来选择。

二、汽车评估的目的

汽车评估的目的是说明为什么要对汽车进行鉴定估价，评估的结果应能够正确地反映车辆的价值及其波动。它是汽车评估业务的基础，决定了汽车估价标准的采用，并在一定程度上制约着评估途径和方法的选择。其具体目的主要包括以下几种：

1.汽车所有权的转让

在汽车交易的过程中，买卖双方对交易价格的期望值是不同的。为了维护交易双方的权益，确定合理的价格，就需要对汽车进行评估，并以评估价格作为买卖双方的参考底价。

2.企业的产权变动

企业的产权变动，如合资经营、合作经营、企业联营、企业合并、分设或兼并、企业出售、企业租赁等。在进行上述涉及企业产权的资产业务时，必须进行资产评估。在资产中如包括车辆的话，应该按照有关规定，对车辆的价格进行评估。

3.抵押贷款

银行为了确保贷款安全，要求贷款人以汽车作为贷款抵押物，从而给予贷款人以与汽车价格相适应的贷款。因此，要求专业评估人员对汽车的价格进行评估。可以说，在这种情况下，银行贷款的安全性在很大程度上取决于评估的准确性。

4.诉讼咨询服务

当事人遇到涉及车辆的诉讼时，往往需要委托专业评估人员对车辆进行评估。评估结果有助于当事人把握事实真相，又为法院判决提供现时价值依据。

5.汽车的拍卖

对企业破产清算的车辆，执法机关的罚没、抵押车辆，海关获得的抵税和放弃车辆等，都需进行价格评估，从而为拍卖提供参考底价。

6.税收

按照国家的有关规定，以税收为目的，对汽车的交易价格进行评估。

三、汽车评估的主客体

1.汽车评估的主体

汽车评估的主体是指汽车评估业务的承担者，即从事汽车评估的机构及专业评估人员。由于汽车评估直接涉及当事人双方的权益，是一项政策性、专业性都很强的工作，因此无论是对专业评估机构，还是对专业评估人员都有较高的要求。

按照我国政府于1991年11月颁布的《国有资产评估管理办法》第九条规定，资产评估公司、会计师事务所、审计事务所、财务咨询公司，必须获有省级以上国有资产评估资格证书，才能从事国有资产评估业务。对其他所有制的资产评估，也要比照《国有资产评估管理办法》的规定执行。

汽车评估机构是由专业汽车评估人员构成的。汽车评估人员的素质，对评估工作水平和评估结果的质量有至关重要的影响。汽车专业评估人员必须掌握一定的资产评估业务理论，熟悉并掌握资产评估的基本原理和方法；具有一定的政策水平，熟悉并掌握国家颁布的与汽车交易有关的政策、法规、行业管理制度及有关的技术标准；具有一定的汽车专业知识和实际的检测技能，能够借助必要的检测工具，对汽车的技术状况进行必要的判断和鉴定；

具有较高的收集、分析和运用信息资料的能力及一定的评估技巧，具备经济预测、财务会计、市场、金融、物价、法律等多方面的知识；具有良好的职业道德，遵纪守法、公正廉明，保证汽车评估质量。此外，汽车评估的从业人员还需经过严格的考试或考核，取得国家劳动和社会保障部颁发的二手车鉴定评估师证书。

2.汽车评估的客体

汽车评估的客体是指被评估的车辆。汽车评估的一个主要目的，就是在汽车的交易过程中，准确地确定汽车价格，并以此作为买卖成交的参考底价。根据《二手车流通管理办法》的规定，以下车辆禁止经销、买卖、拍卖和经纪：

(1)已报废或者达到国家强制报废标准的车辆。

(2)在抵押期间或者未经海关批准交易的海关监管车辆。

(3)在人民法院、人民检察院、行政执法部门依法查封、扣押期间的车辆。

(4)通过盗窃、抢劫、诈骗等违法犯罪手段获得的车辆。

(5)发动机号码、车辆识别代号或者车架号码与登记号码不相符，或者有凿改迹象的车辆。

(6)走私、非法拼(组)装的车辆。

(7)不具有《机动车登记证书》、《机动车行驶证》、有效的机动车安全技术检验合格标志、车辆购置税完税证明、养路费缴付凭证、车船使用税缴付凭证、车辆保险单的车辆。

(8)在本行政辖区以外的公安机关交通管理部门注册登记的车辆。

(9)国家法律、行政法规禁止经营的车辆。

二手车交易市场经营者和二手车经营主体发现车辆具有(4)、(5)、(6)情形之一的，应当及时报告公安机关、工商行政管理部门等执法机关。对交易违法车辆的，二手车交易市场经营者和二手车经营主体应当承担连带赔偿责任和其他相应的法律责任。

此外，车辆上市交易前，必须先到公安交通管理机关申请临时检验，经检验合格，在其行驶证上签注检验合格记录后，方可进行交易。检验被交易车辆的车架号码和发动机号码的符号、数字及各种外文字母的全部拓印，发现不一致或改动、凿痕、锉痕、重新打刻等人为改变或毁坏的，对车辆一律扣留审查。

【任务检测】

一、名词解释

汽车评估

二、简答题

1.简述汽车评估的基本要素。

2.简述汽车评估的目的。

三、选择题

1. 汽车评估的基本要素除了评估的主、客体外,还包括(　　)。

A. 评估目的　　B. 评估成本　　C. 估价标准

D. 评估规范　　E. 评估方法

2. 二手车评估的理论依据是(　　)。

A. 资产评估学　　B. 汽车报废标准

C. 二手车流通管理办法　　D. 国有资产评估管理办法

3. 汽车评估的主体是(　　)。

A. 被评估车辆　　B. 评估程序

C. 评估师　　D. 评估方法和标准

4. 汽车评估的客体是(　　)。

A. 被评估车辆　　B. 评估程序

C. 评估师　　D. 评估方法和标准

5. 利用国产、进口和进口件组装的新机动车(　　)。

A. 可以交易　　B. 通过安全排放检测后可以交易

C. 使用年限到期2年前可以交易　　D. 不可以交易

6. 按照规定获得省级以上国有资产评估证书,能够从事国有资产评估业务的是(　　)。

A. 资产评估公司　　B. 会计师事务所　　C. 审计事务所

D. 财务咨询公司　　E. 金融公司

7. 将右置方向盘改为左置方向盘的二手车(　　)。

A. 可以交易　　B. 通过安全排放检测可以交易

C. 使用年限到期前可以交易　　D. 不可以交易

四、填空题

汽车评估由六大基本要素组成,即汽车评估的目的、评估的主体、评估的客体、评估方法、____________和____________。

五、判断题,先判断后改错

1. 根据《二手车流通管理办法》的规定,右转向盘的旧机动车可以进行交易。(　　)

2. 根据《二手车流通管理办法》的规定,走私车可以进行交易。(　　)

3. 利用报废车辆的零部件拼装、组装的二手车通过安全排放检测后可以交易。(　　)

4. 按照相关规定,汽车评估人员必须获得国家级以上国有资产评估资格证书,才能从事相关评估业务。(　　)

【评价与反馈】

班级：________ 姓名：________ 指导教师：________

序号	考核项目	分值	考核内容	配分	考核标准	得分
1	出勤、纪律	5分	出勤	2分	违规一次不得分	
			行为规范	3分	违规一次不得分	
2	安全、防护、环保	20分	着装	2分	违规一次不得分	
			个人防护	3分	违规一次不得分	
			“5S”“EHS”	5分	违规一次不得分	
			设备使用安全	5分	违规一次不得分	
			操作安全	5分	违规一次不得分	
3	任务检测	20分	任务测验成绩	20分	测验成绩的20%计	
4	技能考核	35分	技能测验成绩	35分	测验成绩的35%计	
5	学习能力	10分	工单填写，工艺计划制订	4分	未做不得分	
			组内活动情况	5分	酌情扣分	
			资料查阅和收集	1分	未做不得分	
6	任务拓展	10分	知识拓展任务	2分	未做不得分	
			技能拓展任务	8分	未做不得分	
	总分	100分				

【教师评估】

序号	优点	存在问题	解决方案

教师签字：

【学习后记】

任务二 汽车评估基本方法

【任务目标】

目标类型	目标要求
知识目标	(1)能描述汽车评估的方法 (2)能描述汽车评估的特点 (3)能阐述汽车评估的基本程序
技能目标	能根据汽车的实际情况选择合适的评估方法
情感目标	养成良好的沟通能力

【任务描述】

王某的一辆奥迪Q7因为发生严重车祸而无法继续使用，只能将其拆零出售。应采取哪种方法对其进行评估？

【知识准备】

一、汽车评估假设

汽车评估假设是与汽车评估标准有着密切联系的概念。汽车评估过程中所采用的理论和方法，都是建立在一定的假设条件上的。如果其假设前提不同，所适用的评估标准也就不同，评估结果也会大相径庭。汽车评估假设有以下三种：

1.继续使用假设

继续使用假设是指汽车将按现行用途继续使用，或将转换用途继续使用。这一假设的核心是强调汽车对未来的有效性。

对于可继续使用的汽车的评估与不能继续使用的汽车的评估，所采用的价格计量标准是不同的。例如，对一辆可继续使用的处于在用状态的汽车进行评估时，一般采用重置成本法评估其处于在用状态的价值，其评估值包括车辆的购买价及运输费用等。但如果汽车无法继续使用，只能将其拆零出售，以现行市价法评估其零件的变现值，并且还需扣除拆零费用。两者的评估值显然不同。再如，一辆正在营运的汽车，以收益现值法评估其价值，设为10万元，但如果该汽车所属的企业因破产被强制清算拍卖，就只能以清算价格法评估其价值，其价格肯定会大大低于10万元。

在采用继续使用假设时，需考虑以下几个条件：

(1)车辆尚有显著的剩余使用寿命。这是继续使用假设的最基本的前提要求。

(2)车辆能用其提供的服务或用途满足所有者或占有使用者经营上期望的收益，这是投资者持有或购买车辆的前提条件。

(3)车辆的所有权明确，能够在评估后满足汽车交易或抵押等业务需要。这同时也是转换用途的前提条件。

(4)充分考虑车辆的使用功能,即无论车辆的现行用途,还是转换用途继续使用,都是在法律许可的范围内,按车辆的最佳效用使用。

(5)车辆从经济上和法律上允许转作他用。

2.公开市场假设

公开市场假设是指被评估的车辆可以在完全竞争的交易市场上,按市场原则进行交易,其价格的高低取决于该汽车在公开市场上的行情。

不同类型的车辆,其性能、用途不同,市场程度也不一样。一般情况下,用途广泛的车辆比用途狭窄的车辆市场活跃,因此也越容易通过市场交易实现其最佳效用。这里所谓的最佳效用是指车辆在法律许可的范围内,被用于最有利的用途,可取得最佳经济效果。在汽车评估时,对于具备在公开市场上进行交易条件的车辆,做公开市场假设,并根据车辆所在的地区、环境条件及市场的供求关系等因素确定其最佳效用。按车辆的最佳用途进行评估,有助于实现车辆的最佳效用。

3.清偿假设

清偿假设是指车辆所有者由于种种原因,以拍卖的方式出售车辆。这种情况下的汽车交易,与公开市场下的交易具有两点显著区别:一是交易双方的地位不平等,卖方是非自愿的被迫出售;二是交易被限制在较短的时间内完成。因此,汽车的价格往往明显低于继续使用或公开市场假设下的价格。

二、汽车评估的价格计量标准

汽车评估的价格计量标准,是汽车评估价值形式上的具体化。在汽车的评估中,汽车的价格可以通过以下四种价格计量标准进行估算:重置成本、收益现值、现行市价及清算价格。对于同一辆汽车,采用不同的价格计量标准,会产生不同的价格。这些价格分别从不同的角度,反映了汽车的价值特征。这些价格不仅在质上不同,在量上也存在较大的差异。在汽车评估中,必须根据评估的目的,选择汽车评估适用的价格计量标准。

1.重置成本及其价格计量标准

(1)重置成本是指在现行条件下(市场条件与技术条件),按功能重置车辆,并使其处于在用状态所耗费的成本。

重置成本与历史成本一样,都是反映车辆在购置、运输、注册、登记等过程中全部费用的价格。只是重置成本以现行价格和费用标准作为计价依据。车辆在全新状态下,即刚购买时其重置成本与历史成本是一致的。但由于车辆被或长或短地保留了一段时间,在此期间,不论是否使用,车辆的价值、技术等因素都可能发生变化,从而影响车辆的重置更新费用,使车辆的重置成本与历史成本发生差异。

汽车重置成本以功能重置为依据,但由于对现行技术条件利用不同,可分为复原重置成本与更新重置成本。两者的区别在于:复原重置成本是指按照与被评估车辆的材料、制造标准、设计结构等相同的条件,以现时价格购置相同的全新车辆所需的全部成本。更新重置成本是指利用新材料、新设计、新技术标准等,以现时价格购置相同或相似功能的全新车辆所支付的全部成本。两者的共同点在于:均按现行市价与费用标准核计成本。

一般情况下，进行重置成本计算时，如果可以同时取得复原重置成本和更新重置成本，应选用更新重置成本。如果不能取得更新重置成本，再考虑选用复原重置成本。

重置成本作为资产计价概念，不是以重置全价，而是以重置净价为依据。重置净价只是重置全价扣除各种损耗的余额。

(2)重置成本是被评估车辆处于在用状态或可使用状态时的价格，因此适用重置成本价格计量的前提条件有以下两条：

①车辆已完成购置过程，处于可使用状态，或正处于营运之中。

②可继续使用。车辆可以按重置成本计价，不仅仅是车辆处于在用状态，更重要的是社会承认处于在用状态的车辆对未来经营的有效性。车辆对未来的有效性可以完全不受过去和现在是否有效的影响。

2.收益现值及其价格计量标准

(1)收益现值是指根据车辆未来的预期获利能力，以适当的折现率将未来收益折成现值。从“以利索本”的角度看，收益现值就是为获得车辆取得预期收益的权利所需支付的货币总额。在折现率相同的情况下，车辆未来的效用越大，获利能力越强，其评估值就越大。投资者购买车辆时，一般要进行可行性分析，只有在预期回报率超过评估时的折现率时，才可能支付货币购买车辆。

(2)适用收益现值价格计量的前提条件。车辆具有独立的、能连续用货币计量的可预期收益。

3.现行市价及其价格计量标准

(1)现行市价又称可变现价格，是指车辆在公开市场上的销售价格。由于是对预期投入市场车辆的评估，因此，在这里的“销售”可以是实际销售，也可以是模拟销售。

现行市价的最基本特征是价格源于公平市场。所谓公平市场，即充分竞争的市场，不存在卖方对市场垄断，买卖双方的交易行为都是自愿的，都有足够的时间与能力了解市场行情。

(2)适用现行市价的前提条件。车辆以现行市价进行计量评估时，需具备以下两个基本条件：

①需要存在一个充分发育、活跃、公平的汽车交易市场。

②与被评估车辆相同或类似的车辆在市场上有一定的交易量，能够形成市场行情。

4.清算价格及其价格计量标准

(1)清算价格是指企业由于破产等原因，以变卖车辆的方式来清偿债务或分配剩余权益状况的车辆价格。显然，清算价格是非正常的市场价格。

(2)适用清算价格计量的前提条件。适用于清算价格的汽车评估业务主要有企业破产清算，以及因抵押、典当等不能按期偿债而导致的车辆变现清偿等。

5.各种价格计量标准的联系与区别

重置成本价格与现行市价价格的联系主要表现在，决定重置成本的因素与决定现行市价的最基本因素相同，即现有条件下，生产功能相同的车辆所花费的社会必要劳动时间。但是现行市价的确定还需考虑其他与市场相关的因素。一是车辆功能的市场性，即车辆的功能能否得到市场承认。例如，一辆设计及制造质量都很好的专用汽车，尽管它在某一特定领域内具有很强的功能,但一旦退出该领域,其功能难以完全被市场所接受。二是供求关系影响。现行市价价格随供求关系的变化,将会出现波动。由此可见,现行市价与重置成本的区别在于:现行市价以市场价格为依据,车辆价格受市场因素约束,并且其评估值直接受市场检验;而重置成本只是在模拟条件下重置车辆的现行价格。

现行市价价格与收益现值价格在价格形式上有相似之处,两者都是评估公平市场价格。但是两者的价格内涵不同,现行市价主要是以车辆进入市场的价格计量;而收益现值主要是以车辆的获利能力进入市场的价格计量。

现行市价价格与清算价格均是市场价格,两者的根本区别在于现行市价是公平市场价格;而清算价格是非正常市场上的拍卖价格,一般大大低于现行市价。

三、汽车评估的特点

(1)由于汽车数量多、单价大、型号复杂、情况各异,所以汽车评估以单辆为对象,以保证评估的真实性和准确性。

(2)以技术鉴定为基础。由于汽车的类别、型号各异,技术含量高,因此对汽车评估需以技术鉴定为基础,判断车辆的损耗程度。

(3)必须把握汽车的价值特点,包括对车辆的价值构成要素及其变化规律的认识和了解。

四、汽车评估的原则

1.汽车评估的工作原则

汽车评估的工作原则是评估机构与评估人员在评估工作中应遵循的基本原则。主要有:独立性原则、客观公正性原则、科学性原则、专业性原则。

(1)独立性原则。独立性原则是指汽车评估人员应始终坚持第三者立场,不为当事人的利益所影响。评估机构应是独立的社会公正性机构,不能为评估业务中任何一方所拥有,也不隶属于任何一方。遵循这一原则,可从组织上保证评估不受有关利益方的干扰和委托者意图的影响。

(2)客观公正性原则。客观公正性原则要求评估结果应以充分的事实为依据。这就要求评估者在评估过程中以公正、客观的态度收集有关数据与资料,并要求评估过程中的预测、推算等主观判断建立在市场与现实的基础之上。此外,为了保证评估的公正性、客观性,按照国际惯例,评估机构收取的劳务费用应只与工作量相关,不与被评估的车辆的价值挂钩,并应受到公众的监督。

(3)科学性原则。科学性原则是指在汽车评估过程中,必须根据特定目的,选择适用的标准和科学的方法,制订科学的评估方案,使汽车评估结果准确、合理。

首先,科学性原则要求评估标准的选择以特定的评估目的为依据。尽管现实的评估方法有很多种,但是不能以技术方法的多样性和可替代性来模糊评估标准的唯一性,影响评估结果的科学性。

其次,科学性原则要求评估方法科学。评估方法的选择与运用既要受评估标准的约束,又要根据可以利用的条件、数据以及被评估车辆的技术状态,选择最能达到评估标准的方法。

再次,科学性原则要求汽车评估程序科学合理。在实际的汽车评估过程中,应根据评估的自身规律和国家的有关规定,结合具体评估业务的实际情况,确定科学的评估程序。这样,就会降低评估成本,提高评估效率。

(4)专业性原则。专业性原则是指汽车评估人员必须具有良好的教育背景、专业知识、实践经验和职业道德。汽车评估人员的专业技术水平,是保证汽车评估方法正确、评估结果公正的技术基础。

2.汽车评估的经济原则

汽车评估的经济原则是指在汽车评估过程中,进行具体技术处理的原则。它是汽车评估原则的具体体现,是在总结汽车评估经验以及市场能够接受的评估准则的基础上形成的。主要包括:预期收益原则、替代原则和最佳效用原则。

(1)预期收益原则。预期收益原则是指在对营运性车辆评估时,车辆的价值可以不按照其过去形成的成本或购置价格决定,但必须充分考虑它在未来可能为投资者带来的经济效益。车辆的市场价格,主要取决于其未来的有用性或获利能力。未来效用越大,评估值越高。预期收益原则要求在进行评估时,必须合理预测车辆的未来获利能力及取得获利能力的有效期限。

(2)替代原则。替代原则是商品交换的普遍规律,即价格最低的同质商品对其他同质商品具有替代性。据此原理,汽车评估的替代原则是指在评估中,面对几个相同或相似车辆的不同价格时,应取较低者为评估值,或者说评估值不应高于替代物的价格。这一原则要求评估人员从购买者角度进行汽车评估,因为评估值应是车辆潜在购买者愿意支付的价格。

(3)最佳效用原则。最佳效用原则是指若一辆汽车同时具有多种用途,在公开市场条件下进行评估时,应按照其最佳用途来评估车辆价值。这样既可保证车辆出售方的利益,又有利于车辆的合理使用。

五、汽车评估的基本程序

汽车评估作为一个重要的专业评估领域,情况复杂、作业量大。在进行汽车评估时,应分步骤、分阶段地实施相应的工作。从专业评估角度而言,汽车评估大致要经历以下几个阶段:

1.收集和整理有关资料

在进行评估时,主要应收集整理以下几方面的资料:

(1)反映待评车辆情况的资料。包括车辆的原价、折旧、净值、预计使用年限、已使用年限、型号、完好率等。

(2)证明待评车辆合法性的有关资料。如车辆的购车发票、行驶证、号牌、运输证、准运证,以及各种车辆税费、杂费的缴纳凭证等。

2.设计评估方案

设计评估方案是对车辆评估的实施所进行的周密计划、有序安排的过程,主要包括以下内容:

(1)整理委托方提供的有关资料,向委托方了解车辆的有关情况。

(2)根据车主要求的评估目的，确定计价标准和评估方法。拟订具体的工作步骤和作业进度，确定评估基准日和具体的日程安排。

(3)设计并印制评估所需要的各类表格。

3.对车辆进行现场检查和技术鉴定

由汽车评估人员对汽车的技术性能、结构状况、运行维护、负荷状况和完好程序等进行鉴定，结合功能性损耗、经济性损耗等因素，据此做出技术鉴定。评估人员应根据汽车的技术鉴定，尽可能在工作现场对被评估车辆做出成新率的判断。因为完成对车辆成新率的鉴定工作，是完成车辆现场检查工作的一个重要标志。

4.评定与估算

一方面继续收集所欠缺的资料，另一方面要对所收集的数据资料进行整理。根据已确定的评估价格标准和评估计算方法对车辆进行评估，确定评估结果。

5.核对评估值，撰写评估报告

对汽车评估的各主要参数及计算过程进行核对。在确认评估结果准确无误的基础上，填写评估报表，撰写评估报告。

【任务检测】

一、选择题

1.汽车评估假设包括(　　)。

A.继续使用假设　　B.使用年限假设　　C.行驶里程假设

D.公开市场假设　　E.清偿假设

2.二手车继续使用价值的特点是车辆可以(　　)。

A.被拆作零件而评估的投资价值

B.被拆作零件、部件而评估的投资价值

C.被拆作部件而评估的投资价值

D.以整车的形式继续使用而评估的投资价值

3.汽车评估的价格计量标准包括(　　)。

A.重置成本　　B.维护成本　　C.收益现值

D.现行市价　　E.清算价格

4.王某的一辆奥迪Q7因为发生严重车祸而无法继续使用，只能将其拆零出售。则这辆奥迪Q7适用的评估方法是(　　)。

A.重置成本法　　B.收益现值法

C.现行市价法　　D.清算价格法

5.利用新材料、新设计、新技术标准，以现时价格购置相同或相似功能的全新车辆所支付的全部成本是(　　)。

A.复原重置成本　　B.更新重置成本

C.收益现值　　D.现行市价

6.某汽车评估师接受法院的委托对一辆私车进行鉴定估价,当他发现该车辆是他朋友的车辆时,他回避了这次鉴定评估工作。这位汽车评估师遵守的是(　　)。

A.科学性原则　　B.可行性原则

C.客观性原则　　D.独立性原则

7.小张在某轿车的鉴定评估中,找了3辆相似轿车作为参照车辆,其价格分别为7.8万元、8.2万元及7.6万元。经分析,小张选取了7.6万元作为轿车的评估值,这体现了(　　)。

A.预期收益原则　　B.替代原则

C.最佳效用原则　　D.科学性原则

8.汽车评估的经济性原则包括(　　)。

A.独立性原则　　B.科学性原则　　C.预期收益原则

D.替代原则　　E.最佳效用原则

9.汽车评估的工作原则包括(　　)。

A.独立性原则　　B.科学性原则　　C.客观公正性原则

D.专业性原则　　E.最佳效用原则

10.汽车评估的第一步是(　　)。

A.收集和整理资料　　B.设计评估方案

C.技术鉴定　　D.估算价格

11.汽车评估的最后一步是(　　)。

A.收集和整理资料　　B.设计评估方案

C.撰写评估报告　　D.技术鉴定及估算价格

二、简答题

1.什么是汽车评估的继续使用假设?在采用继续使用假设时,需考虑哪些条件?

2.什么是重置成本?适用重置成本价格计量的前提条件是什么?

3.简述汽车评估中常用的价格计量标准重置成本与现行市价的联系与区别。

4.适用收益现值价格计量的前提条件是什么?简述其与现行市价价格的区别与联系。

5.简述汽车评估的特点。

6.简述在汽车评估中应遵循的工作原则和经济原则。

【评价与反馈】

班级：__________ 姓名：__________ 指导教师：__________

序号	考核项目	分值	考核内容	配分	考核标准	得分
1	出勤、纪律	5分	出勤	2分	违规一次不得分	
			行为规范	3分	违规一次不得分	
2	安全、防护、环保	20分	着装	2分	违规一次不得分	
			个人防护	3分	违规一次不得分	
			"5S""EHS"	5分	违规一次不得分	
			设备使用安全	5分	违规一次不得分	
			操作安全	5分	违规一次不得分	
3	任务检测	20分	任务测验成绩	20分	测验成绩的20%计	
4	技能考核	35分	技能测验成绩	35分	测验成绩的35%计	
5	学习能力	10分	工单填写，工艺计划制订	4分	未做不得分	
			组内活动情况	5分	酌情扣分	
			资料查阅和收集	1分	未做不得分	
6	任务拓展	10分	知识拓展任务	2分	未做不得分	
			技能拓展任务	8分	未做不得分	
总分		100分				

【教师评估】

序号	优点	存在问题	解决方案
教师签字：			

【学习后记】

项目三　汽车技术状况的检查

任务一　汽车技术状况的静态直观检查

【任务目标】

目标类型	目标要求
知识目标	(1)能描述汽车合法性的检查内容 (2)能描述发动机外部状况的检查内容 (3)能阐述底盘、电气系统的静态直观检查内容
技能目标	(1)能运用所学知识判断该车辆是否合法 (2)能够通过检查判断出发动机、底盘、电气系统静态情况下是否正常
情感目标	(1)养成注意观察、分析的习惯 (2)培养实际操作能力

【任务描述】

李先生想买一辆二手车，他到二手车市场看中一辆2015款的日产天籁，但是他不确定这辆车是否合法，他应该从哪些方面去判断该车的合法性？

【知识准备】

汽车技术状况的鉴定，是汽车评估的基础与关键。尽管汽车检测仪器、设备的发展很快，但目前的各种检测仪器、设备都还存在一定局限性。进行汽车评估时，对于汽车的外部技术状况及工作状态的定性判断，仍主要依靠直观检查法，即依靠专业技术人员的技能和经验，辅之以简单的测量器具，对汽车的技术状况进行直观检查。

一、汽车合法性的核查与确认

为防止非法走私及拼装、组装车辆混入汽车交易市场，我们在进行汽车技术状况鉴定的同时，还应核查汽车的各种证件及税、规费发票的合法性。同时，我们还应对汽车上相关各部分进行核查与确认。

1.汽车号牌的核查与确认

汽车号牌是由公安车辆管理机关依法对机动车辆进行注册登记核发的号牌。它和机动车行驶证一同核发，其号牌字码与行驶证字码应该一致。常见汽车号牌的规格、颜色、适用范围见表3-1-1。核查汽车号牌时，不仅应注意号牌上的字码是否与行驶证上的字码一致，而且还应注意号牌上的字迹是否清楚，颜色规格是否符合要求，以确认汽车号牌是否可靠。

表3-1-1 汽车号牌的分类、颜色及适用范围

分类	颜色	适用范围
大型汽车	黄底黑字黑框线	总质量4.5 t(含)、乘坐人数20人(含)和车长6 m(含)以上的汽车、无轨电车及有轨电车
小型汽车	蓝底白字白框线	中型以下载客、载货汽车和专项作业
新能源汽车	绿底黑字黑框线	新能源汽车号牌为渐变绿色，大型新能源汽车为黄绿双拼色
使、领馆汽车	黑底白字，红"使""领"字	驻华使、领馆汽车
警车	白底黑字，红"警"字	汽车类警车

2.车辆识别代号(VIN)编码及车型铭牌等的核查与确认

核查车辆识别代号(VIN)编码及车型铭牌所表示的内容与车辆实物是否一致；核查机动车行驶证上的发动机号、车架号码与车辆实物是否一致。如发现不一致或发动机、车架上的号码有改动、凿痕、锉痕、重新打刻、垫支金属块等人为改变或毁坏的，应及时向公安机关报告，扣车审查。

3.汽车主要总成及部件的核查与确认

观察车身外表面是否平滑、流畅，有无加工痕迹，是否重新喷过油漆；观察车辆内部装饰材料是否平整，有无再装配时所留下的压痕或手印；观察电气线路及各种油、真空、气压等管路布置是否有条理，车辆各部分总成、部件等有无不匹配的现象等。通过上述检查，进一步确认车辆是否存在非法拼装、组装情况。

二、发动机技术状况的静态直观检查

1.发动机外部状况的检查

观察发动机的外观是否整洁。如果发动机上堆满灰尘，说明该车的日常维护不够；发动机表面特别干净，也可能是车主此前对发动机进行了特别的清洗，不能由此断定车辆状况一定很好。观察发动机前部的传动带的磨损情况，有无裂纹、油迹，松紧度是否合适；发动机上的各连接件、紧固件、油门拉线、喷油泵供油拉杆等是否有松动、脱落或卡滞等现象。检查发动机的水箱、水泵、气缸体、气缸盖及冷却系统的其他连接部位，各处均不得有漏水现象。观察蓄电池壳体上部有无溢出的电解液或白色粉末，蓄电池壳体有无裂纹，加液孔盖的通气孔是否堵塞，两极柱上的电缆连接是否可靠。观察起动机、发电机等处的电气线路连接是否可靠，分电盖上有无裂纹，各缸分火线有无破损，连接是否可靠等。

2.发动机冷却液及润滑油的检查

打开水箱盖，对冷却液进行检查。如果冷却液中掺有锈水，则应注意检查冷却系统是否有渗漏部位。检查发动机润滑油量。拿出油尺，检查润滑油液面高度。如润滑油液面过高且油液浑浊，很可能是气缸垫破裂，水箱内的冷却液进入油底壳与润滑油结合形成乳浊液；如润滑油液面过低，则可能是缸套与活塞之间密封不严，发动机运转过程中润滑油窜入燃烧室。用手试机油的黏性，观察有无沙砾，以确定是否需要更换。

三、汽车底盘技术状况的静态直观检查

1.传动系统的检查

检查离合器踏板的自由行程是否符合整车技术条件的有关规定；离合器摩擦片是否装反、有油污或被烧焦，铆钉是否松动；个别压力弹簧是否疲劳折断；膜片弹簧是否疲劳开裂；分离拨叉支点是否磨损；分离轴承是否磨损等。对于采用液压操纵机构的离合器，还应注意液压系统是否存在泄漏。

检查变速器周边、壳体侧盖周边、加油螺塞处、放油口螺塞处、轴承盖处及车速表软轴安装位置有无明显漏油痕迹；换挡控制机构是否调整不良、连接处是否磨损等。检查传动轴、中间轴及万向节等处有无裂纹和松动；传动轴是否弯曲；万向节轴承是否因磨损而松旷，万向节凸缘盘连接螺栓是否松动等。

检查驱动桥桥壳是否有铸造缺陷或裂纹；驱动桥加油口螺塞、放油口螺塞及油封、各接合面等处是否可见明显的漏油痕迹；通气孔是否堵塞等。

检查飞轮、离合器、变速器、传动轴及驱动桥等处的固定螺栓是否松动。

2.转向系统的检查

检查转向盘与转向轴的连接部位是否松旷；转向器垂臂轴与垂臂连接部位是否松旷；纵、横拉杆球头连接部位是否松旷；纵、横拉杆臂与转向节的连接部位是否松旷；转向节与主销之间是否松旷。检查转向节与主销之间是否配合过紧或缺润滑油。检查转向轴是否弯曲，其套管是否凹瘪。对于动力转向系统，还应检查动力转向泵驱动带是否松动；转向油泵安装螺栓是否松动；动力转向系统油管及管接头处是否存在损伤或松动等。

3.行驶系统的检查

检查车辆的车架是否有弯、扭、裂、断、锈蚀等损伤，车架上的螺栓、铆钉是否齐全和紧固。检查车辆前、后桥是否有变形、裂纹等。检查车辆钢板弹簧是否有裂纹、断片和碎片现象，两侧钢板弹簧的厚度、长度、片数、弧度、新旧程度是否相同，钢板弹簧U形螺栓和中心螺栓是否松动，钢板弹簧销与衬套的配合是否松旷。检查减震器是否漏油，减震弹簧是否有裂纹。检查车桥和悬架之间的各种拉杆和导杆是否变形，各接头和衬套是否松旷和移位。检查车轮轮毂轴承是否松旷，轮胎螺母和半轴螺母是否齐全、紧固。检查同一轴上的轮胎型号和花纹是否相同，轮胎型号是否符合规定要求。检查轮胎的磨损情况：轿车轮胎胎冠上的花纹深度不得小于1.6 mm，其他车辆转向轮的胎冠花纹深度不得小于3.2 mm，其余轮胎胎冠花纹深度不得小于1.6 mm。检查车轮的横向和径向摆动量：检查时顶起前桥，将百分表的触点与轮胎胎冠外侧接触，用手前、后摆动轮胎，测量其横向摆动量；将百分表移至轮胎上方，使百分表触点与轮胎胎冠中部接触，用撬杠往上撬动轮胎，测量其径向摆动量。总质量小于或

等于4.5 t的汽车车轮的横向和径向摆动量不得大于5 mm，其他车辆不得大于8 mm。

4.制动系统的检查

检查制动踏板的自由行程是否符合有关技术条件的规定。检查液压制动系统的总泵、分泵、管路或管路接头处是否漏油，油管是否凹瘪。检查制动液是否变质。检查真空助力装置的真空管有无损伤。检查气压制动系统的储气筒气压是否达到规定气压，气压制动管路是否凹瘪。检查驻车制动系统的缆线有无卡滞、锈蚀等。

四、车身及电气系统的静态直观检查

1.车身的外部检查

检查车身是否发生碰撞损伤。站在车辆前部观察各接缝，如出现不直、缝隙大小不一、线条弯曲、装饰条有脱落或新旧不一，说明车身曾经被修理过。检查发动机罩、车门等开闭的灵活性和锁止机构功能。检查车身金属的锈蚀程度，主要应检查的部位有车窗、水槽底板、各接缝处等。如锈蚀严重，说明该车较旧。检查车身油漆的脱落情况。查看排气管、镶条、车窗等处是否有多余的油漆。如果有，说明该车做过喷漆处理。用手敲击车身，如敲击声发脆，说明此处在喷漆之间没有补过泥子（旧称腻子）；如敲击声发闷，则说明在喷漆之前此处补过泥子。也可用磁铁沿车身表面移动，如遇到磁力突然减少的位置，即说明此处局部补过泥子。车身表面补泥子处，往往有凹坑、焊缝或擦伤等缺陷，泥子过厚处，较易出现"卷皮"现象。

2.车厢内部的检查

检查车厢内部装饰物的新旧程度，观察车厢内的座椅是否破旧下凹，其调整机构是否正常，座椅安全带是否正常、可靠。检查车厢内的地毯或胶板是否破旧，揭开地毯或胶板，查看车厢地板是否潮湿、锈蚀。检查车厢内的仪表盘是否为原装的，仪表板及各种开关上的标志是否清晰。检查刮水器、洗涤器、音响装置、玻璃升降器、电动后视镜及转向柱倾斜、升降机构等工作是否正常。

3.电路线束及照明、信号、仪表装置的检查

检查汽车电路线束有无烧焦或破损。检查电路线束的连接和固定是否可靠，各线束插接器是否脏污、氧化，接触是否可靠。检查电路线束是否接触到过热或转动部件有无被发动机排出的废气吹到的可能。检查线束是否有足够的伸缩余地；穿过金属板孔时，是否有护套保护。检查照明、信号、仪表装置是否齐全，型号、规格是否符合要求。依次接通上述各装置的控制开关，检查上述装置能否正常工作。

【任务检测】

一、选择题

1.二手车鉴定评估的基础（　　）。

A.车内鉴定　　B.排放鉴定　　C.外观鉴定　　D.技术鉴定

2.汽车底盘技术状况的静态直观检查包括（　　）。

A.发动机的检查　　B.传动系统的检查　　C.行驶系统的检查

D.转向系统的检查　　E.制动系统的检查

3.发动机技术状况的静态直观检查包括(　　)。

A.汽车号牌的核查　　B.VIN码的核查　　C.发动机外部状况的检查

D.冷却液的检查　　E.润滑液的检查

4.下列属于汽车技术状况的静态直观检查项目的有(　　)。

A.发动机运转时的排气烟色　　B.离合器分离是否彻底　　C.有无“回火”“放炮”现象

D.发动机正时皮带有无裂痕　　E.VIN码

5.王某新买的私家车奥迪A6,最近刚刚上了车牌,按规定,其车牌是(　　)。

A.黄底黑字黑框线　　B.蓝底白字白框线

C.黄底白字白框线　　D.蓝底黄字白框线

6.某路公交线新购了一批无轨电车,最近刚刚上了车牌,按规定,其车牌是(　　)。

A.黄底黑字黑框线　　B.蓝底白字白框线

C.黄底白字白框线　　D.蓝底黄字白框线

7.汽车号牌是准予机动车上路行驶的法定标志,其号码要与下列(　　)的号码完全一致。

A.机动车行驶证　　B.车架号

C.发动机编号　　D.车型铭牌

8.下列属于汽车合法性检查的是(　　)。

A.检查是否发生碰撞损伤　　B.检查车门开闭的灵活性

C.检查车身是否重新喷漆　　D.观察车身外表面有无加工痕迹

E.观察车身外表面是否平滑、流畅

9.下列属于转向系统的静态直观检查的是(　　)。

A.前轮是否存在异常磨损　　B.转向油泵安装螺栓是否松动

C.减震器是否漏油　　D.转向节与主销间是否松旷

E.主销外倾和前束的配合是否恰当

10.下列属于传动系统的静态直观检查的是(　　)。

A.离合器膜片弹簧是否疲劳开裂　　B.转向油泵安装螺栓是否松动

C.减震器是否漏油　　D.转向节与主销间是否松旷

E.驱动桥桥壳是否破裂

11.检查车轮轮毂轴承是否松旷属于(　　)。

A.发动机技术状况的静态直观检查　　B.汽车底盘技术状况的静态直观检查

C.发动机技术状况的动态直观检查　　D.汽车底盘技术状况的动态直观检查

12.检查车辆前、后桥是否有变形、裂纹属于(　　)。

A.发动机技术状况的静态直观检查　　B.汽车底盘技术状况的静态直观检查

C.发动机技术状况的动态直观检查　　D.汽车底盘技术状况的动态直观检查

13.检测某国产轿车交流发电机的技术状况，将电流表串接在蓄电池与发动机之间，并将电压表与发电机并联，此时应检测(　　)。

A.交流电流和交流电压　　B.交流电流和直流电压

C.直流电流和交流电压　　D.直流电流和直流电压

二、判断题，先判断后改错

1.机动车号牌是准予机动车上路行驶的法定标志，其号码要与车辆识别代号完全一致。(　　)

2.汽车号牌的核查与确定是为了防止非法走私及拼装、组装车混入汽车交易市场。(　　)

三、简答题

1.走私车能否交易？如何鉴定走私车辆？

2.拼装车能否交易？如何鉴定拼装车辆？

【评价与反馈】

班级：____________ 姓名：____________ 指导教师：____________

序号	考核项目	分值	考核内容	配分	考核标准	得分
1	出勤、纪律	5分	出勤	2分	违规一次不得分	
			行为规范	3分	违规一次不得分	
2	安全、防护、环保	20分	着装	2分	违规一次不得分	
			个人防护	3分	违规一次不得分	
			"5S""EHS"	5分	违规一次不得分	
			设备使用安全	5分	违规一次不得分	
			操作安全	5分	违规一次不得分	
3	任务检测	20分	任务测验成绩	20分	测验成绩的20%计	
4	技能考核	35分	技能测验成绩	35分	测验成绩的35%计	
5	学习能力	10分	工单填写，工艺计划制订	4分	未做不得分	
			组内活动情况	5分	酌情扣分	
			资料查阅和收集	1分	未做不得分	
6	任务拓展	10分	知识拓展任务	2分	未做不得分	
			技能拓展任务	8分	未做不得分	
总分		100分				

【教师评估】

序号	优点	存在问题	解决方案
教师签字：			

【学习后记】

任务二 汽车技术状况的动态直观检查

【任务目标】

目标类型	目标要求
知识目标	(1)能描述发动机动态直观检查的内容 (2)能描述发动机常见异响的类型 (3)能阐述底盘动态直观检查的内容
技能目标	(1)能针对发动机常见的异响说出其原因 (2)能够说出轮胎产生异常磨损的原因
情感目标	养成良好的沟通能力

【任务描述】

一辆桑塔纳轿车装配有齿轮-齿条式机械转向系统，当该车以低速转弯行驶时，驾驶员转动方向盘非常吃力。请问该车发生了何种故障？产生该故障的原因主要有哪些？

【知识准备】

一、发动机技术状况的动态直观检查

发动机是汽车的心脏，动力的来源。汽车的动力性、经济性和可靠性等性能指标都直接与发动机有关。发动机由于结构复杂、工作条件极差，因此故障率最高，往往成为汽车技术状况检查的重点对象。根据GB 7258—2017《机动车运行安全技术条件》的相关规定，在进行发动机技术状况的动态直观检查时，主要应注意以下一些内容。

1.发动机的动力性能

汽车行驶时动力不足、加速不灵、转速不能提高到应有的范围、爬坡时功率不足，不管上述哪种故障现象出现，均说明汽车功率不足。产生上述现象的主要原因是发动机功率下降，但离合器打滑、制动拖滞等传动、制动系统的故障，往往也是造成汽车功率不足的原因。因此，在确定发动机动力性能是否下降之前，应对离合器、制动器等的技术状况进行检查。

在公路上运行的车辆，随着使用时间和运行里程的增长，发动机零部件的磨损以及点火系统、供油系统、冷却系统、润滑系统工作不良，都会引起发动机功率下降。因此，发动机功率可以表明发动机技术状况的好坏。正常情况下，发动机功率下降，一般说明其零部件磨损，特别是气缸活塞组零件的磨损，因间隙增大，漏气量增加，致使发动机功率下降。气门与气门座磨损烧毁、密封性变差或配气相位改变，也会影响发动机的功率。此外，点火系统和供油系统失调以及冷却系统、润滑系统不正常等因素，都将导致发动机动力性能下降，甚至发生技术故障。

2.发动机怠速运转情况

怠速工况下，发动机应在规定的转速范围内稳定地转动。如果怠速转速过高或运转不稳定，说明发动机怠速不良。对于汽油发动机来说，怠速不良的主要原因有点火正时、气门间隙、配气正时或怠速调整不当；真空漏气；曲轴箱通风单向阀不密封或卡阻，怠速时不能关闭；废气再循环装置或燃油蒸发排放装置（如果安装）的误动作；点火系统或供油系统工作不良；气缸压缩压力过低或各缸压缩压力不一致等。

对于柴油发动机，怠速不良的原因主要有供油正时、气门间隙、配气正时或怠速调整不当；燃油中有水、气，或者燃油黏度不符合要求；各缸柱塞、出油阀偶件及喷油器工况不一致，或是调速器锈蚀、松旷，弹簧疲劳、供油拉杆对应的拨叉或齿扇松动等，导致各缸喷油量或喷油压力不一致；气缸压缩压力过低或气缸压缩压力不一致等。

3.润滑油压力

润滑油压力正常是保证发动机正常润滑的重要条件。发动机运转过程中，驾驶员可通过机油压力表观察润滑油压力的变化。一般来说，在发动机怠速运转时，润滑压力应不低于98 kPa；中速运转时，润滑油压力应在196～392 kPa范围内。

润滑系统工作正常，而润滑油压力不足，是由于曲轴主轴承或连杆轴承磨损的缘故。曲轴主轴承间隙每增加0.01 mm，润滑油压力大约降低9.8 kPa。因此，可以根据润滑油压力判断发动机各轴承的磨损情况。但润滑油压力的变化，只能表明发动机曲轴轴承总的技术状况，而不能分别诊断出某一道轴承的磨损情况。

4.发动机运转时的排气烟色

发动机技术状况良好、气缸内可燃混合气燃烧正常时，排气管排出的废气一般呈淡灰色。若发动机气缸密封性不良或空气滤清器堵塞，汽油发动机点火不正时或混合气过浓，柴油发动机供油不正时或喷油量过多、喷雾质量差时，均会导致气缸内混合气燃烧不完全，使一部分未燃完的燃油形成游离碳，悬浮在燃气中，随废气一起排出，形成黑烟。润滑油油面过高或黏度过稀、活塞环或缸套磨损过多、活塞环弹力过小或装反、进气门与其导管松旷等情况，均可能导致气缸中窜入润滑油，使排气呈蓝色。润滑油油面高时，仅会造成发动机一度排放蓝烟，油面降低后，蓝烟即会消失。进气门与其导管松旷所致的排蓝烟，现象较为轻微。由于活塞环、气缸磨损等造成气缸中窜入润滑油，是排蓝烟的主要原因。因此，发动机排蓝烟的现象，可用来评价气缸活塞组的密封性好坏。

当燃油中有水、发动机缸套裂纹或缸垫破损，使冷却液进入气缸时，水蒸气随废气排出，废气呈白色。气缸工作温度太低时，气缸内的少量燃油经过雾化、蒸发，却未能着火燃烧，蒸发的燃油随废气排出，也会形成白色的烟雾。

5.发动机运转时的响声

技术状况良好的发动机，运转时仅能听见均匀的排气声和轻微的噪声，这是正常的响声。如果在发动机运转过程中，伴随有其他声响（如间歇发出金属敲击声、连续地发出金属敲击声或摩擦声等），即表明发动机运转异常。所伴随的声响，即为异响。异响标志发动机某一机构的技术状况已发生变化，其中某些异响可预示发动机可能即将发生事故性损伤。所以，对发动机异响的诊断是对汽车技术状况动态直观检查的一个十分重要的内容。

发动机常见的异响，主要有曲轴主轴承响、连杆轴承响、活塞销响、活塞敲缸响、气门响、气缸漏气响、正时齿轮响、汽油机点火敲击响、柴油机着火敲击响等。

(1)曲轴主轴承响。

①发动机突然加速时,发出沉重而有力的“当、当、当”或“刚、刚、刚”的金属敲击声,严重时机体发生很大震动。

②响声随发动机转速的提高而增大,随负荷的增加而增强,产生响声的部位是在缸体下部的曲轴箱内。

③单缸断火时响声无明显变化,相邻两缸同时断火时响声明显减弱。

④温度变化时响声无变化。

⑤机油压力明显降低。

⑥若是后道轴承发响,声音一般钝重发闷。

⑦若是前道轴承发响,声音一般较轻、较脆。

⑧在低速下微抖节气门,若是听到较沉重的“咯噔、咯噔”的响声,这种声音可能是曲轴轴向窜动时出现的响声。

曲轴主轴承异响的主要原因是主轴承盖固定螺钉松动;主轴承减摩合金烧毁或脱落;主轴承和轴颈磨损过多,轴向止推装置磨损过多,造成径向和轴向间隙过大;曲轴弯曲;润滑油压力太低或润滑油变质等。

(2)连杆轴承响。

①当发动机突然加速时,有连续明显、轻而短促的“当、当、当”金属敲击声,是连杆轴承响的主要特征。

②轴承严重松动时。怠速运转也能听到明显响声,且润滑油压力降低。

③发动机负荷变化时,响声随负荷增加而加剧。

④单缸断火时响声明显减弱或消失,但复火时又能立即出现,即具有所谓响声“上缸”现象。

⑤温度变化时响声不变化。

连杆轴承异响的主要原因是连杆轴承盖的固定螺栓松动或折断;连杆轴承减摩合金烧毁或脱落;连杆轴承或轴颈磨损过多,造成径向间隙太大;润滑油压力太低、润滑油变质或曲轴内通连杆轴颈的油道堵塞等。

(3)活塞销响。

①发动机在怠速、低速和从怠速向低速抖动节气门时,可听到清脆而连贯的“嗒、嗒、嗒”的金属敲击声。

②响声随转速的升高和负荷的增加而增大。

③温度变化时,对响声稍有影响但影响不大。

④润滑油压力不降低。

⑤单缸断火时响声明显减弱或消失,复火瞬间响声又出现或连续出现两个响声。

活塞销异响的主要原因是活塞销与连杆小头衬套配合松旷;衬套与连杆小头衬套孔配合松旷;活塞销与活塞上的销座孔配合松旷。

(4)活塞敲缸响。

①发动机在怠速或低速运转时,在气缸上部发出清晰而明显的“嗒、嗒、嗒”的金属敲击声,而中速以上运转时响声减弱或消失。

②发动机温度变化时响声亦变化。

③多数情况下冷车时响声明显，热车时减弱或消失，但个别原因造成的活塞敲缸响反而在温度升高后加重。

④响声严重时，负荷越大响声也越大，但润滑油压力不降低。

⑤单缸断火时响声减弱或消失。

活塞敲缸异响的主要原因是活塞与气缸壁配合间隙大，活塞与气缸壁间润滑条件太差，活塞在常温时椭圆度太小，活塞销与活塞上销座孔配合过紧，活塞与连杆小头衬套装配过紧，活塞圆柱度误差较大等。

(5)气门响。

①发动机怠速运转时发出连续不断的、有节奏的“嗒、嗒、嗒”(在气门脚处)或“啪、啪、啪”(在气门座处)的金属敲击声。

②转速增高时响声也随之增大，温度变化和单缸断火时响声不减弱。

③若有数只气门响，则声音显得杂乱。气门脚响和气门落座响统称为气门响。气门脚响的主要原因是气门脚间隙太大。气门脚间隙调整螺钉松动或该间隙处两接触面不平。配合凸轮外形加工不准或磨损过多，造成缓冲段效能不佳，加重了挺杆对气门脚的冲击，气门脚处润滑不良。气门落座响的主要原因有气门杆与其导管配合间隙太大；气门头部与其座圈接触不良；气门座圈松动；气门脚间隙太大等。

(6)气缸漏气响。

①发动机运转时，从加润滑油口处听到曲轴箱内发出“嘣、嘣、嘣”的漏气声。

②负荷增加响声增大，转速增高响声减小。

③当收回节气门或单缸断火时，响声减弱或消失。

④随着响声的出现，加润滑油口处“脉动”地向外冒烟，冒烟次数与发响次数相同。气缸漏气响的主要原因是新换活塞环与气缸壁的漏光度太大；活塞环与气缸壁严重磨损；活塞环开口间隙太大或各环开口严重；活塞环弹力太弱或因其侧隙、背隙太小而使背压建立不起来；活塞环卡死在环槽内；活塞环或活塞环岸折断；气缸壁拉伤，出现沟槽。

(7)正时齿轮响。

①发动机运转时，在其前部发出一种连续的或节奏明显的响声。

②一般情况下，转速越高，响声越大。

③温度变化时响声不变化。

④单缸断火时响声不减弱。正时齿轮响的主要原因是齿轮啮合间隙过大或过小；曲轴主轴承孔与凸轮轴轴承孔的中心距在使用或修理过程中发生变化；齿轮转动一周中啮合间隙松紧不一或发生根切；齿面有伤痕、脱层或轮齿断裂；齿轮在曲轴或凸轮轴上松动或脱出；齿轮端面圆跳动或径向圆跳动太大；曲轴或凸轮轴轴向间隙太大；未成对更换齿轮等。

(8)汽油机点火敲击响。

①汽车运行过程中，当在最高挡由较低车速急加速运行时，可听到发动机发出类似金属敲击的“嘎、嘎、嘎”的响声。

②在发出响声的同时，如果稍抬加速踏板，响声便减弱或消失，再踩加速踏板时，响声又重新出现。

③发动机温度越高、负荷越大时，响声越强烈。汽油机点火敲击响的原因主要是发动机

突爆，其次是早燃。突爆与早燃虽然发生的时间不同(前者发生在火花塞点火后，后者发生在火花塞点火前)，但二者有许多共同特点，并且是相互助长的。突爆可能引起早燃，早燃又进一步促进突爆，因此很难区别。

产生突爆与早燃的原因主要有汽油的品质差，特别是辛烷值太低；在使用、保修或发动机大修中造成压缩比太高；发动机过热或负荷太大；燃烧室积炭；点火时间太早；混合气太稀等。

(9)柴油机着火敲击响。

①柴油发动机在低速无负荷运转时，有时可听到尖锐、清脆和连续的“嘎啦、嘎啦、嘎拉”或“刚啷、刚啷、刚啷”的敲击响，冷起动时，响声尤其明显。

②发动机温度升高、转速升起和负荷增大时，响声减弱或消失，但发动机过热和超负荷运转时响声又增大。

③微抖供油拉杆时，抖得越急，响声越大。

④柴油机着火敲击响时的响声分“均匀而粗暴的敲击声”和“非均匀而粗暴的敲击声”两种。产生柴油机着火敲击响的主要原因是柴油机工作粗暴。而造成工作粗暴的原因，又是着火期落后太长。如果柴油机着火敲击声均匀而粗暴，说明发动机各缸工作均粗暴，其原因主要可能是柴油品质差，自燃性能不好；喷油泵供油时间太早；发动机超负荷运转；发动机过冷或过热；空气滤清器严重阻塞，使进气量不足等。

如果柴油机着火敲击声不均匀，说明发动机个别工作粗暴，其原因主要可能是个别缸供油时间太早，亦即供油间隔不均匀；个别缸供油量大，也即供油不均匀度超过标准；个别缸喷射质量不佳；个别缸密封性不佳，压缩终了的温度和压力太低等。

6.发动机的起动性能

正常情况下，用起动机起动发动机时，应在三次内起动成功。起动时，每次时间不超过5 s，再次起动时间要间隔15 s以上。若发动机不能正常起动，说明发动机的起动性能不好。

如果由于发动机曲轴不能转动而导致发动机无法起动，其原因主要可能是蓄电池电量不足或起动机工作不良，也可能是发动机运转阻力过大。检查发动机起动阻力时，应拆下全部火花塞或喷油器，人工转动曲轴，检查转动阻力。

如果发动机起动时曲轴能正常转动，但发动机起动仍很困难，对于汽油发动机，其原因主要可能是点火系统不正时、火花塞火弱或无火；燃油系统工作不良，使混合气过稀或过浓；气缸压缩压力过低等。对于柴油发动机，除气缸压缩压力过低外，燃油中有水或空气，输油泵、喷油泵、喷油器工作不良，燃油系统管路堵塞等，都可能导致发动机起动困难。

7.发动机运转过程中有无“回火”“放炮”现象

汽油发动机混合气在气缸内燃烧，使发动机做功，产生动力。但是，这种燃烧的火焰如果溢出气缸外，就会成为一种很危险的火源，有可能引起失火。发动机的各种“回火”现象就属于这一类型。“回火”的产生，主要是由点火不正时或混合气配比不当所引起的。

化油器的“回火”现象，主要是在混合气过稀时产生。混合气过稀，燃烧速度缓慢，当排气终了、进气门开启时，部分未燃烧完的火焰就会进入进气管，以致从化油器猛烈喷出，导致化油器回火。此外，点火顺序混乱，有时也会引起化油器回火。

排气管的回火现象(俗称排气管“放炮”)，主要是由于点火延迟和混合气过浓所引起的。点火过迟和混合气过浓都会造成汽油过剩，并使它们积聚在排气管内。当下一个排气行程开始时，这部分混合气或过剩积聚在排气管内的汽油就会在排气管内重新被点燃。这种燃烧往往使排气管喷出火焰并发出“放炮”声，严重时还可能引起消声器爆炸。

从以上分析可以看出，发动机的回火现象很容易引起失火事故。为了保证车辆的安全运行，要求发动机不得有“回火”“放炮”现象。如果遇到发动机出现“回火”或“放炮”现象时，驾驶员应及时停机熄火，并进行必要的调整，以消除这种不正常的现象。

8.发动机点火、燃油供给、润滑、冷却和排气等系统的性能

发动机在各种不同的工况下，需要根据发动机工作的点火次序适时地供给高压电，使火花塞电极间产生电火花，以点燃混合气而产生动力。如果点火系统发生故障，不仅会使发动机的动力性、经济性变坏，甚至会使发动机熄火或不能发动，为了保证车辆正常运行，点火系统必须保持良好的工作性能。

点火系统的故障有断火、缺火、火弱与点火不正时等。从故障的部位看，又分低压（初级）和高压（次级）线路故障。

燃油供给系统是供给发动机在各种不同转速和负荷情况下，所需要的不同量燃油的装置。车辆运行过程中，要求它既要保证发动机的动力性，又要达到一定的经济性和良好的起动性能。如果燃油供给系统出现故障，就会使发动机功率降低、油耗增加、起动性能变坏，直接影响车辆的正常运行。因此，燃油供给系统有了故障，必须及时、准确地予以排除，保持良好的性能。

燃油供给系统的故障主要是堵、漏、坏三种情况。汽油发动机供油系统的常见故障有：不来油、来油不畅、混合气过稀或过浓等。柴油发动机的常见故障有：油路泄漏或堵塞、喷油泵调整不当、供油时间不准、调速器失灵、供油拉杆卡滞等。

发动机润滑系统的正常工作是保证发动机正常运转的重要条件。如果润滑系统出现漏油、堵塞或润滑油压力不足等故障，将会导致发动机运动零部件磨损加剧，严重的可能导致发动机损坏。

冷却系统能维持发动机在最适宜的温度下工作。发动机经长期使用，冷却系统技术状况变坏时，发动机较易出现过热、过冷等故障。发动机过热，汽油机易发生突爆或早燃，柴油机易发生工作粗暴；发动机过冷，会导致发动机动力不足、油耗增加。

发动机排气系统的作用是汇集各气缸的废气，从排气消声器排出。排气系统的技术状况将影响发动机的输出功率。同时，在排气管口装有排气消声器，可减少排气噪声并消除废气中的火焰及火星。有的在排气系统中装有废气催化转换器，以减少发动机排出废气中的有害成分。所以排气系统应保持良好的性能，以使发动机正常运转和减少排气噪声污染。

二、底盘技术状况的动态直观检查

汽车底盘技术状况，关系到整车行驶的操纵稳定性，同时还影响发动机动力的传递和油耗。因此，汽车底盘也是汽车技术状况动态检查的重点之一。

1.传动系统的检查

传动系统技术状况的变化，将直接影响发动机动力的传递。根据GB 7258—2017《机动车运行安全技术条件》，进行传动系统技术状况的动态直观检查时，主要应注意以下一些内容。

(1)离合器

①离合器分离是否彻底。正常情况下，离合器分离应彻底。如在发动机怠速运转的情况下，踩下离合器踏板，原地挂挡齿轮有撞击声，且难以挂入；情况严重时，原地挂挡后发动机熄火，则表明离合器分离不彻底。

离合器分离不彻底的主要原因，是离合器踏板自由行程过大；分离杠杆内端高度太低或内端不在同一平面上，新换的摩擦片太厚或从动片正反装错。从动片钢片翘曲变形或摩擦片破裂。双片离合器中间压板调整不当、中间压板个别支撑弹簧折断或疲劳、中间压板在传动销上或在离合器驱动窗孔内轴向移动不灵活。从动片在花键轴上轴向移动不灵活。液压操纵离合器液压系统内油量不足或有空气等。

②正常情况下，离合器应接合平稳。如果汽车用低速挡起步时，按操作规程逐渐放松离合器并徐徐踩下加速踏板，离合器不能平稳结合且产生抖震，严重时甚至使整车产生抖震现象，则表明离合器结合不平稳。

离合器结合不平稳的原因，主要是从动钢片或压板翘曲变形；飞轮工作端面圆跳动误差过大；分离杠杆内端高度不处在同一平面内；从动片上缓冲片破裂、减震弹簧疲劳或折断；从动摩擦片油污、烧焦、表面硬化、表面不平、铆钉头露出、铆钉松动或切断；个别压力弹簧疲劳或折断，膜片弹簧疲劳或开裂；飞轮、离合器壳或变速器固定螺钉松动；分离轴承套筒与其导管之间油污、灰尘严重，使分离轴承不能回位等。

③离合器是否打滑。正常情况下，离合器不得有打滑现象。如果汽车挂低挡起步时，离合器踏板抬很高，汽车仍不起步或起步很不灵敏；汽车加速行驶时，行驶速度不能随发动机转速的升高而升高，且伴随有离合器发热、产生煳味或冒烟等现象；拉紧驻车制动器，使汽车低挡起步时，发动机不熄火，则表明离合器打滑。

离合器打滑的主要原因是离合器踏板没有自由行程，使分离轴承压在分离杠杆上；从动摩擦片油污、烧焦、表面硬化、表面不平或铆钉头露出；从动摩擦片、压板和飞轮工作面磨损严重，厚度减薄；压力弹簧退火或疲劳，膜片弹簧疲劳或开裂；离合器盖与飞轮之间的调整垫片或固定螺钉松动；分离轴承套筒与其导管之间因油污、尘垢或卡住而不能回位等。

④离合器分离或接合时有无异响。离合器分离或接合时若发出不正常的响声，其原因主要可能是分离轴承因缺少润滑剂而干磨或轴承损坏。飞轮上的传动销与压板上的传力孔或离合器盖上的驱动孔与压板上的凸轮配合间隙太大；分离杠杆与离合器盖间的连接松旷或分离杠杆支撑弹簧疲劳、折断、脱落；从动片花键孔与其轴配合松旷；从动摩擦片铆钉松动或铆钉头露出。分离轴承套筒与其导管之间油污、尘垢严重，或分离轴承回位弹簧及离合器踏板回位弹簧疲劳、折断、脱落，造成分离轴承回位不佳。分离轴承与分离杠杆内端之间没有间隙；从动片减震弹簧退火、疲劳或折断。

(2)机械变速器。

①变速器运转过程中有无异响。变速器正常运转过程中，若齿轮的啮合声、轴承的运转声等噪声太大；或变速器发出干磨、撞击等不正常的响声，其原因主要可能是滚动轴承缺少润滑油(如第一轴前导轴承)，滚珠磨损失圆，滚道有麻点、脱层、伤痕，内外滚道在轴上或壳体内转动或轴承间隙太大。齿轮加工精度差或热处理工艺不当等，造成齿形变化。齿隙过大或花键配合间隙过大；修复过的齿面没有对毛刺、凸起等进行调整；齿面剥落、脱层、缺损、

磨损过甚或换件修复时齿轮未成对更换。第一轴、第二轴或中间轴弯曲变形;壳体轴承孔镗孔修复后,两孔中心距发生变化或使两轴线不平行;经修复后的变速叉弯度不对或变速叉磨损后单边堆焊太厚,致使相关齿轮位置不准。第二紧固螺母松动或其他各轴轴向定位失准。自锁装置凹槽、钢球磨损过多或自锁弹簧疲劳、折断,造成挂挡时越位;个别轮齿断裂;齿轮油不足、变质、规格不符合要求或油中有杂物等。

②变速器有无跳挡现象。正常情况下,变速器的互锁、自锁装置应可靠,不得有跳挡现象。若汽车重载加速或爬坡时,变速杆有时从某挡自动跳回到空挡位置,则表明变速器存在跳挡故障。

变速器跳挡的主要原因是相啮合的一对离合器式齿轮在啮合部位磨损成锥形。由于离合器壳后孔中心位置变动,离合器壳与变速器壳接合平面相对曲轴轴线的垂直度变动。由于第一轴、第二轴轴承过于松旷等原因,造成第一轴、第二轴、曲轴三者不在同一轴线上。挂入挡位后,齿轮啮合未达到轮齿原长或自锁钢球未进入凹槽内;各轴轴向间隙或径向间隙太大;有多道常啮合齿轮的变速器,装在第二轴上的常啮合齿轴向或径向间隙太大;自锁装置凹槽、钢球磨损严重或自锁弹簧疲劳、折断等。

③变速器有无乱挡现象。如果在离合器分离彻底的情况下,要挂挡挂不上或要摘挡摘不下;有时要挂某挡,结果挂在别的挡上,则表明变速器存在乱挡故障。变速器乱挡的主要原因是互锁装置损坏;变速杆下端长度不足、下端工作面磨损过大或变速叉轴上导块的导槽磨损过大;变速杆球头定位销松旷、折断或球头、球孔磨损过大等。

(3)万向传动装置。

1)万向传动装置工作过程中有无异响。

①如果在汽车起步或车速突然改变时,传动装置发出“抗”的一声;汽车缓速行驶时,传动装置发出“呱啦、呱啦”的响声。其原因主要可能是万向节轴承因磨损或冲击而造成松旷,传动轴伸缩节花键因磨损或冲击造成松旷,万向节凸缘连接螺栓松动。

②如果在万向节与伸缩节技术状况良好的情况下,传动轴在汽车行驶中发出周期性响声,车速越快时响声越大,严重时车身发生抖震,甚至握方向盘的手有麻木感。其原因主要可能是传动轴弯曲或轴管凹陷,传动轴管与万向节叉焊接时未找正或传动轴未进行动平衡,传动轴上的平衡片失落。伸缩节未按标记安装,使传动轴失去平衡,并有可能造成传动轴两端的叉不在同一平面上。中间支承架的固定螺栓或万向节凸缘盘连接螺栓松动,使传动轴位置偏斜;橡胶夹紧式中间支承紧固方法不妥,造成中间传动轴前端偏离原轴线。

③如汽车行驶中产生一种连续的“呜、呜”声,车速越快响声越大。其原因主要可能是滚动轴承脱层、麻点、磨损过多或缺润滑油;中间支承安装方法不当,造成滚动轴承承受附加载荷;橡胶圆环损坏;车架变形。

2)万向传动装置的游动角度。

万向传动装置的游动角度,主要包括伸缩节和各万向节的游动角度。当伸缩节和万向节在工作中,因磨损和冲击致使旋转方向上的角间隙增大时,其游动角度就增大。因此,游动角度是万向传动装置技术状况的重要诊断参数之一,它表明了万向传动装置的磨损状况。

(4)驱动桥。

1)驱动桥是否过热。

在汽车行驶一定里程后,用手试触驱动桥壳中部,若有无法忍受的烫手感觉,则表明驱动桥过热。驱动桥过热的原因，主要可能是齿轮油不足、变质或牌号不符合要求。其他原因还有：锥形滚动轴承调整过紧；主减速器的一对锥形齿轮啮合间隙调整过小；差速器行星齿轮与半轴齿轮啮合间隙太小；油封过紧；止推垫片与主减速器从动齿轮背面间隙太小。

2)汽车行驶时驱动桥是否发异响。

①如汽车在行驶中，驱动桥连续地发出"嗷"声，应停车检查。用手触摸驱动桥壳，发热不大为齿隙太小；发热严重，一般是驱动桥内缺润滑油。

②汽车行驶中出现无节奏的"刚当、刚当"的撞击声，且车速越高声响越大，滑行时声响减小或消失，一般为轴承磨损或主减速器齿隙不符合要求。若上述响声仅在车速急剧变化或汽车上坡时出现，则为主减速器齿隙过大。

③如汽车在转弯时出现"卡巴、卡巴"声，低速直线行驶时也有这种声音，但车速升高后即消失，多为差速器行星齿轮啮合间隙过大或半轴齿轮及键槽磨损。

④如汽车行驶中后桥发出无节奏的"嗯"声及破碎声，声响随车速升高而增大，抬起加速踏板时响声更明显；或汽车行驶中后桥发出有节奏的"哽、哽、哽"声，声响随车速升高而增大，严重时后桥有摆动现象，则多为主减速器齿轮轮齿损坏。

⑤如汽车在高速行驶(接近60 km/h)和抬起加速踏板时，后桥处出现带有"呼隆、呼隆"的"嗯、嗯"声，且后桥处有抖动现象，则为半轴套管变形所致。

⑥对于采用前驱动桥的汽车，如直行时无噪声，转弯时前桥出现金属挤压的破碎声，并伴有转向回正困难或不能回正的现象，则为前驱动桥两侧的等速万向节工作不良所致。

2.转向系统和行驶系统的检查

转向系统和行驶系统技术状况的变化，将对汽车操纵稳定性和高速行驶的安全性有直接的影响。根据GB 7258—2017《机动车运行安全技术条件》，进行转向系统和行驶系统技术状况的动态直观检查时，主要应注意以下一些内容。

(1)前轮轮胎磨损情况是否正常。汽车在使用中，前轮轮胎有时会出现一些异常磨损情况，下面列出了几种典型的异常磨损。

①两侧胎肩磨损严重。主要原因是轮胎气压过低或轮胎换位不够。

②胎面中部磨损严重。主要原因是轮胎气压过高或轮胎换位不够。

③胎面外侧胎肩单边磨损严重。主要原因是前轮外倾过大。

④胎面内侧胎肩单边磨损严重。主要原因是前轮负外倾、轮胎长期不换位或前梁在垂直平面内中部向下弯曲。

⑤胎面磨损是内侧重、外侧轻且磨痕是从外向内。主要原因是前轮负前束或前梁在水平面内弯曲。

⑥胎面磨损是外侧重、内侧轻且磨痕是从内向外。主要原因是前轮前束或前梁在水平面内弯曲。

⑦胎面呈羽片状磨损。主要原因是前束过大或负前束。当前束过大时，左右前轮胎面上的羽片的尖部指向汽车纵向中心线。

⑧胎面呈锯齿状磨损。主要原因是车辆长期在超载情况下频繁使用制动而又未按期换位。

⑨胎面呈波浪状磨损。主要原因是车轮旋转质量不平衡、车轮端面圆跳动误差太大或

轮毂轴承、转向节、横拉杆、悬架等处松旷。

⑩胎面呈碟片状磨损。主要原因是车轮旋转质量不平衡、车轮径向圆跳动太大、前轮摆头或轮毂轴承、转向节、横拉杆、悬架等处松旷。

由于实际使用情况不同,轮胎磨损的表现形式往往不够典型或几种现象同时发生,这时应进行综合检查和分析,以判断故障原因。

(2)转向是否灵敏、轻便。正常情况下,汽车的转向盘应转动灵活、操纵轻便,转向轮转向后应有自动回正能力。若汽车行驶中驾驶员左、右转动转向盘时感到沉重费力,无回正感;当汽车以低速转弯行驶或掉头时,转动转向盘非常吃力,甚至打不动,则表明转向系统存在转向沉重故障。

对于采用机械转向系统的汽车,转向沉重的主要可能原因是轮胎气压不足;转向节与主销配合过紧或缺少润滑油;纵、横拉杆球头连接调整过紧或缺少润滑油;转向器主动部分轴承预紧力太大或从动部分与衬套配合太紧;转向器主、从动部分的啮合调整得太紧;转向器无润滑油或缺少润滑油;转向节止推轴承缺少润滑油或损坏;转向器转向轴弯曲或其套管凹瘪造成刮碰;主销后倾过大、主销内倾过大或前轮负外倾;前梁、车架变形造成前轮定位失准等。

对于采用液压动力转向系统的汽车,如转向突然感到沉重,其原因主要可能是油泵驱动带打滑(或其他驱动方式中相关零部件损坏);动力转向系统油量不足、油质差或油路中有空气;油泵、动力缸等工作不良。

(3)汽车行驶中是否自动跑偏。正常情况下,汽车转向轮应有自动回正能力,以使汽车保持稳定的直线行驶。如汽车行驶中自动跑向一边,必须用力把住转向盘才能保持直线行驶,则表明汽车存在自动跑偏故障。

汽车自动跑偏的原因,主要可能是两前轮轮胎气压不等、直径不一或车厢装载不均;左右两架前钢板弹簧挠度不等或弹力不一;前梁、后桥轴管或车架发生水平平面内的弯曲;车架两边的轴距不等;两前轮轮毂轴承或轮毂油封的松紧度不一;前、后桥两端的车轮有单边制动或单边拖滞现象;两前轮外倾角、主销后倾角或主销内倾角不等;前束太大或负前束等。

(4)前轮有无摆振现象。正常情况下,汽车在平坦、硬实、干燥和清洁的道路上行驶时,出现两前轮各自围绕主销进行角振动现象,通常称之为前轮摆振。前轮摆振严重时,整车会像筛糠般抖动,尤其是高速摆振时,握转向盘的手有麻木感,甚至在驾驶室内可看到整个车头摆动。

前轮摆振的主要原因,可能是前轮旋转质量(包括轮胎、轮辋、制动鼓或制动盘、轮毂等)不平衡;前轮径向圆跳动或端面圆跳动误差太大;前轮使用翻新胎;前轮外倾角太小、前束太大、主销负后倾或主销后倾角太大;两前轮的主销后倾角或主销内倾角不一致;前梁或车架弯、扭变形;转向系统与前悬架的运动互相干涉;转向系统(如横拉杆、横拉杆臂、垂臂等)刚度太低;转向器主、从部分啮合间隙或轴承间隙太大;转向器垂臂与其轴配合松旷;纵、横拉杆球头连接松旷;转向节与主销配合松旷;前轮轮毂轴承松旷;转向器在车架上的连接松动;前悬架减震器失效或左、右两边减震器效能不一;左、右两前悬架高度或刚度不一致;前钢板弹簧U形螺栓松动或钢板销与衬套配合松旷等。

3.制动系统的检查

制动系统技术状况的变化,将直接影响汽车行驶、停车的安全性。根据GB 7258—2017《机动车运行安全技术条件》,进行制动系统技术状况的动态直观检查时,主要应注意以下一些内容。

(1)制动系统是否失效。如在汽车行驶过程中,踩下制动踏板,车辆不减速,即使连续几脚制动也无明显减速作用,则表明汽车制动系统失效。对于采用液压制动系统的汽车,制动失效的主要可能原因是制动总泵内无制动液、制动总泵内的皮碗严重破裂或制动系统有严重泄漏之处;制动软管或金属管断裂;制动踏板至总泵的连接脱开。

对于采用气压制动系统的汽车,制动失灵的主要可能原因是制动踏板至制动阀的连接脱开;储气筒内无压缩空气;制动阀的进气阀打不开或排气阀严重关闭不严;制动阀膜片、制动气室膜片严重破裂或制动软管断裂;制动管路内结冰或因油污严重而阻塞。

(2)制动效能是否正常。如在汽车制动时,驾驶员感到减速度不足;或是在汽车紧急制动时,制动距离太长,则表明汽车制动系统的效能不良。

对于采用液压制动系统的汽车,制动效能不良的主要可能原因,是制动总泵、分泵、管路或管接头漏油;制动总泵储液室存油不足或无油;制动液变质(变稀或变稠)或管路内壁积垢太厚;制动液中有空气;制动总泵内皮碗、活塞或缸筒磨损过多;分泵内皮碗、活塞或缸筒磨损过多;制动总泵出油阀、回油阀不密封或活塞回位弹簧预紧力太小;制动总泵活塞前端贯通小孔堵塞或总泵内皮碗发黏、发胀;制动分泵内皮碗发黏、发胀;增压器或助力器效能不佳或失效;油管凹瘪或软管内孔不畅通;制动踏板自由行程太大;制动蹄摩擦片与制动鼓(盘)靠合面不佳或制动间隙不当;制动蹄摩擦片质量欠佳或使用中表面硬化、烧焦、油污及铆钉头露出;制动鼓磨损过甚或制动时变形等。

对于采用气压制动系统的汽车,制动效能不良的主要可能原因是,制动踏板自由行程太大;储气筒达不到规定气压;制动阀最大气压调整螺钉调整不当,造成制动气压过低;制动阀平衡弹簧预紧力太小,维持制动工况(双阀关闭)来得过早;制动阀膜片破裂或排气阀关闭不严;制动气室膜片破裂或制动管路漏气;制动管路凹瘪或软管内孔不畅通;制动蹄摩擦片与制动鼓(盘)靠合面不佳或制动间隙调整不当;制动蹄摩擦片质量欠佳或使用中表面硬化、烧焦、油污或铆钉头露出;制动鼓磨损过甚或制动时变形;制动凸轮轴在支承套内锈蚀;制动管路内壁积垢严重等。

(3)系统是否存在制动拖滞现象。对汽车施加制动后,抬起制动踏板,如全部或个别车轮的制动作用不能立即完全解除,以致影响了车辆重新起步、加速行驶或滑行,则表明汽车制动系统存在制动拖滞故障。

对于采用液压制动系统的汽车,出现制动拖滞故障的主要原因,可能是制动踏板无自由行程;制动踏板与其轴的配合缺润滑油、锈污或踏板回位弹簧脱落、拉断及拉力太小;制动总泵回位弹簧折断或预紧力太小;制动总泵活塞、皮碗的长度太大或皮碗发胀、发黏;制动总泵补偿孔被污物堵塞;不制动时增压器辅助活塞中心孔打不开;轮毂轴承松旷等。

对于采用气压制动系统的汽车,出现制动拖滞故障的主要原因,可能是制动踏板自由行程太小,造成制动阀的排气阀开启程度太小,制动阀的排气弹簧或促使排气阀打开的弹簧疲劳、折断或弹力太小;制动阀的排气阀处橡胶阀发胀、发黏或在阀口上堆集的油污、胶质太多;制动踏板回位弹簧疲劳、拉断、脱落或拉力太小;制动气室膜片回位弹簧疲劳、折断或弹力太小;制动蹄回位弹簧疲劳、拉断、脱落或拉力太小;制动凸轮轴在其轴套内缺油、锈蚀或卡滞;制动蹄与支承销锈蚀;制动间隙调整不当,制动放松后制动摩擦片与制动鼓(盘)仍局部摩擦;轮毂轴承松旷等。

(4)制动是否跑偏。如在汽车制动时,车辆行驶方向发生偏斜;或在紧急制动时,车辆出现扎头或甩尾现象,则表明汽车制动时存在跑偏故障。

制动跑偏故障的主要原因,可能是左右车轮制动蹄摩擦片材料或新旧程度不一样;左右车轮制动蹄摩擦片与制动鼓(盘)的靠合面积、靠合位置或制动间隙不一样;左右车轮分泵的技术状况不一样,造成起作用时间或张开力大小不一样;左右车轮制动蹄回位弹簧拉力不一样;左右车轮轮胎制动鼓的厚度、直径、工作中的变形程度和工作面的粗糙度不一样。单边制动管路凹瘪、阻塞或泄漏;液压制动管路或分泵单边气阻;单边制动蹄与支承销配合过紧或锈污;车架在水平面内弯曲、车架两边的轴距不等或前钢板弹簧刚度不够等。

(5)驻车制动效能是否正常。如将驻车制动拉杆拉到制动位置后,汽车在规定范围内的坡道上仍可滑溜,或行驶中使用驻车制动时车速不减或影响不大,则表明驻车制动效能不良。

驻车制动效能不良的主要原因,可能是驻车制动操纵杆操纵行程调整不良;驻车制动操纵缆线滑动不良或缆线伸长;驻车制动器摩擦衬片或制动蹄片因磨损、变质而工作不良等。

三、车身及电气系统的动态直观检查

车身及电气系统中包括许多机构和装置。这些机构和装置技术状况的好坏,将直接影响汽车的舒适性、经济性、可靠性和安全性。这里主要对交流发电机和空调制冷装置技术状况的动态直观检查方法,予以必要地介绍。

1.交流发电机的检查

(1)交流发电机技术状况的就车检查。

1)装配调节器情况下的检查。

①检查并调整发电机皮带的松紧度,直至合适为止。

②停机,拆下蓄电池上的搭铁线(负极),拆除交流发电机“B”(或“+”“A”)接线柱上的导线,将一只量程为0~50 A的直流电流表串接在所拆除的导线与“B”接线柱之间。另取已知量程为0~50 V的直流电压表,并将其与发电机并联,即将直流电压表的“+”测试棒接交流发电机的“B”接线柱,“-”测试棒接搭铁。

③断开汽车上所有用电设备的开关,以减小发电机的负载。

④接上蓄电池搭铁线,起动发动机并逐渐提高其转速,使发电机在略高于其满载转速下运转(相当于发动机转速为1000~1300 r/min,日本汽车发动机转速可升至2000 r/min)。此时电流表指示应小于10 A,电压表指示值应在调节器的限额电压范围内(一般12 V电系为13.8~14.8 V;24 V电系则为27~28 V)。

⑤接通汽车上的主要用电设备(如照明灯、转向信号灯、暖风等,但不要按喇叭),使电流表指示数值大于30 A。此时电压表指示值应大于标称电压(即12 V或24 V)。

⑥停机,拆下蓄电池的搭铁线,取下电流表和电压表。然后重新接好交流发电机“B”接

线柱上的导线和蓄电池搭铁线。试验时，如果电压表指示值远远低于规定电压的下限，说明发电机或调节器有故障。应对发电机进行不解体检查，即用万用表测量发电机各接线柱之间的电阻。当确认发电机无故障时，可断定为调节器故障。

2)不配装调节器情况下的检查。

①首先应检查发电机传动带的松紧度。如松紧度不合适，应予以调整。

②拆除发电机上所有的导线，用一根导线将发电机“B”(或“+”“A”)与“F”接线柱连接起来(内搭铁式)。

③将万用表拨至0～50 V直流电压挡，并将其与发电机并联，即表的正测试棒接“B”，表的负测试棒接搭铁。

④起动发动机，并用从发电机“B”接线柱上拆下的导线碰一下发电机“B”或“F”接线柱，对发电机进行他励，然后分开。

⑤缓慢提高发动机的转速至中速，同时观察电压表指针的摆动情况。若电压表所指示的电压值随发动机转速的增高而升高，说明交流发电机工作状况正常；若电压表无指示，说明发电机不发电；若电压表指示的电压值随转速增高而上升缓慢，说明发电机状况不良。

(2)利用示波器(通用型)检查交流发电机的技术状况。当发电机有故障时，其输出电压波形将出现异常。因此利用示波器检测交流电发电机的输出电压波形，根据观察到的输出电压波形，便可准确而迅速地判断发电机整流器二极管以及定子绕组是否有故障，并鉴定发电机的技术状况。交流发电机各种故障的输出电压波形如图3-2-1所示。

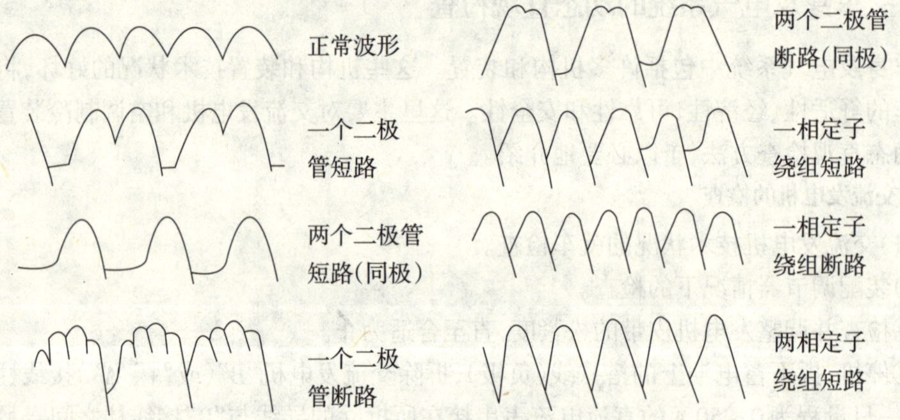

图3-2-1　交流发电机各种故障的输出电压波形图

2.空调制冷装置的检查

检查时，应将汽车停放在通风良好的场地上，保持发动机转速在2000 r/min左右，把空调状态选择旋钮置于“MAX”位置，保证车内空气循环良好。

(1)手感检查温度。用手触摸空调制冷装置管路及各部件，检查各处表面温度。在正常情况下，低压管路呈低温状态，高压管路呈高温状态。

①用手感比较压缩机排气阀(有“D”标记，连接管路较细)和进气阀(有“S”标记，连接管较粗)之间有无明显温差。在正常情况下，前者发烫，后者发凉。

②用手感比较冷凝器进入管和排出管，正常情况应为前者较后者热，即冷凝器上半部温度较底部要热。若两者温差不大(甚至相同)，说明冷凝器未能将气体冷却。

③用手触摸干燥过滤器前后管路，温度应一致。

④用手感比较膨胀阀前后应有明显的温度差,即前热后冷。

⑤冷凝器输出管至膨胀阀输入管之间的制冷剂高压、高温区,所有管路及部件的温度应均匀一致。

⑥膨胀阀出口到制冷压缩机之间的软管应发冷而不结霜。正常情况下即使结霜,但结霜后即化,用肉眼能看见蒸发器化霜后排水管有水珠滴出。

⑦用手在车室内冷风出口处试探,应有冰凉(0～5 ℃)的感觉。

⑧运行5～20 min后,能使车室内外保持7～8 ℃温差。

(2)观察渗漏部位。所有空调制冷管路连接部位或冷凝器、蒸发器表面一旦发现油渍,一般说明此处有氟利昂泄漏,应采取措施进行修理。也可用浓肥皂水涂抹在可疑之处,观察有无气泡出现。

(3)从观察玻璃窗检查。观察玻璃窗多安装在吸液式储液罐顶部,孔管系统一般不设储液罐。

①清晰、无气泡。如此时出风口是冷的,说明制冷系统工作正常,制冷剂量合适;出风口不冷,说明制冷剂已漏完;出风口不够冷,而且关掉压缩机1 min后,仍有气泡慢慢流出,或在关压缩机瞬间就清晰无气泡,说明制冷剂太多,应慢慢放掉一些。

②偶尔出现气泡。如时而伴有膨胀阀结霜现象,说明制冷管路内有水分;没有膨胀结霜现象,可能是制冷剂缺少或有空气存在。

③玻璃窗上有油纹、出风口不冷,则完全没有制冷剂。有气泡、泡沫,可能是制冷剂不足。泡沫很混浊,可能是冷冻机油过多。

(4)冷凝器和蒸发器的外观检查。检查冷凝器和蒸发器的表面、冷凝器与发动机水箱之间、蒸发器通道等处有无碎片、杂物、污泥等。若有,应小心清洗。冷凝器表面可用软长毛刷沾水轻轻刷洗,但千万不要用蒸汽冲洗。

(5)电磁离合器及恒温开关的检查。

①断开离合器电源,压缩机应停止转动。再接通电源,压缩机应立即转动。这样每次短时间开断试验几次,以证明电磁离合器工作正常。

②天冷时,若压缩机不能启动,可能是恒温开关在起作用。可将蓄电池与电磁离合器直接连接,若压缩机无吸合声,说明压缩机离合器已经失效。

③在恒温开关规定的温度以下的条件下,正常启动压缩机,若仍能起动,说明恒温开关有故障,应更换。

(6)制冷装置软管及线束的检查。检查线束插接器连接是否正确、可靠,软管、线束是否碰到过热,转动有毛刺的部件或有被发动机排出的废气吹到的可能,软管及线束固定是否可靠、有无足够的伸缩余地、穿过金属板孔时有无护套保护等。

(7)制冷装置技术状况的通路试验检查。在平坦、硬实、纵坡度不大于1%,长度不少于40 km的道路上,外界气温为35 ℃,冷气全开的条件下进行道路试验检查。车速为20 km/h时,车室内温度应在10 min内降到30 ℃,30 min内降到27 ℃;车速为40 km/h时,10 min内应降到29 ℃,30 min内降到26 ℃;车速为60 km/h时,10 min内应降到28 ℃,30 min内降到25 ℃。

(8)利用曲线比较法判断制冷装置的技术状况。曲线比较法,是利用说明书提供的空调制冷性能曲线和实测得的温度差,来判定空调制冷系统技术状况的方法。

【任务检测】

一、选择题

1.发动机技术状况的动态直观检查包括(　　)。

A.汽车号牌的核查　　B.VIN码的核查　　C.发动机的动力性能检查

D.排气烟色检查　　E.润滑油压力的检查

2.下列属于汽车技术状况的动态直观检查项目的有(　　)。

A.发动机运转时的排气烟色　　B.离合器分离是否彻底

C.有无“回火”“放炮”现象　　D.发动机正时皮带有无裂痕

E.VIN码

3.由于活塞环、气缸磨损过多造成气缸内窜入润滑油,则发动机废气呈(　　)。

A.灰色　　B.蓝色　　C.黑色　　D.无色

4.由于混合气过浓导致气缸内混合气燃烧不完全,则发动机废气呈(　　)。

A.灰色　　B.蓝色　　C.黑色　　D.无色

5.点火过迟会使发动机(　　)。

A.排气管“放炮”　　B.耗油率下降　　C.化油器“回火”　　D.曲轴反转

6.混合气过稀会使发动机(　　)。

A.排气管“放炮”　　B.耗油率下降　　C.化油器“回火”　　D.曲轴反转

7.柴油机在大负荷运转或突然加速时,最常见的排烟颜色为(　　)。

A.灰色　　B.蓝色　　C.黑色　　D.无色

8.发动机技术状况良好,气缸内可燃混合气燃烧正常时,发动机废气呈(　　)。

A.淡灰色　　B.蓝色　　C.黑色　　D.无色

9.柴油车在全负荷和加速度工况时排出的烟为(　　)。

A.白烟　　B.蓝烟　　C.黑烟　　D.不确定

10.柴油机供油不正时排出的烟为(　　)。

A.白烟　　B.蓝烟　　C.黑烟　　D.不确定

11.汽油机起动困难的主要原因是(　　)。

A.气缸压缩压力过低　　B.气缸压缩压力过高

C.燃油中有水或空气　　D.喷油泵工作不良

12.汽油机点火敲击响的主要原因是(　　)。

A.汽油辛烷值低　　B.压缩比低

C.点火太迟　　D.混合气太浓

13.技术状况正常的发动机在中速运转时,汽油机机油压力应为(　　)。

A.低于49 kPa　　B.低于147 kPa

C.196~392 kPa　　D.294~588 kPa

14.技术状况正常的发动机在怠速运转时,汽油机机油压力应为(　　)。

A.低于49 kPa　　B.高于98 kPa

C.高于196 kPa　　D.高于294 kPa

15.某福克斯车配备V4汽油发动机,最近出现怠速不稳,其主要原因可能是( )。
A.各缸喷油压力不一致 B.各缸喷油量不一致
C.各缸压缩压力不一致 D.各缸喷油器工况不一致
16.某别克汽油轿车,发生发动机突爆敲缸,其主要原因可能是( )。
A.汽油的辛烷值太低 B.汽油的辛烷值太高
C.点火过迟 D.混合气太浓
17.某福克斯车配备V4汽油发动机,最近出现润滑油压力不足,其主要原因可能是( )。
A.油中有水 B.活塞环装反
C.曲轴主轴承或连杆轴承磨损 D.点火不正时
18.某别克汽油轿车,点火敲击响,其主要原因可能是( )。
A.压缩比太高 B.汽油的辛烷值太高
C.点火过迟 D.混合气太浓
19.气门脚响的主要原因是( )。
A.气门脚间隙太大 B.气门脚间隙太小
C.点火过迟 D.点火过早
20.排气管"放炮"的原因是( )。
A.点火过早 B.点火过迟 C.混合气过稀
D.混合气过浓 E.气缸工作粗暴
21.气门落座响的主要原因是( )。
A.气门脚间隙太大 B.气门脚间隙太小
C.点火过迟 D.点火过早
22.化油器"回火"的原因是( )。
A.点火过早 B.点火顺序混乱 C.混合气过稀
D.混合气过浓 E.气缸工作粗暴
23.汽油机怠速不良的原因是( )。
A.离合器打滑 B.制动拖滞
C.点火正时调整不当 D.润滑油温度过高
24.汽车离合器踏板自由行程过大,将导致( )。
A.离合器分离不彻底 B.离合器打滑
C.离合器接合不平稳 D.离合器异响
25.汽车离合器踏板自由行程过小,将导致( )。
A.离合器分离不彻底 B.离合器打滑
C.离合器接合不平稳 D.离合器异响
26.前轮胎面中部磨损严重,说明( )。
A.前轮外倾过大 B.前轮负外倾过大
C.前轮气压过高 D.前轮气压过低
27.前轮两侧胎肩磨损严重,说明( )。
A.前轮外倾过大 B.前轮负外倾过大
C.前轮气压过高 D.前轮气压过低

28.两前轮主销后倾角不等，将导致汽车(　　)。

A.制动跑偏　　B.自动跑偏

C.转向沉重　　D.制动拖滞

29.两前轮主销内倾角不等，将导致汽车(　　)。

A.制动跑偏　　B.自动跑偏

C.转向沉重　　D.制动拖滞

30.汽车行驶系统中，最容易磨损的总成部件是(　　)。

A.车架　　B.悬架

C.轮胎　　D.车桥

31.变速器乱挡的原因包括(　　)。

A.轮齿磨成锥形　　B.自锁装置失效　　C.互锁装置失效

D.倒挡锁失效　　E.变速杆下端长度不足

32.变速器跳挡的原因包括(　　)。

A.轮齿磨成锥形　　B.自锁装置失效　　C.互锁装置失效

D.倒挡锁失效　　E.变速杆下端长度不足

33.变速器常啮合齿轮磨损严重，会造成(　　)。

A.异响　　B.换挡困难　　C.跳挡　　D.乱挡

34.变速器第一轴前导轴承缺润滑油，会造成(　　)。

A.异响　　B.换挡困难　　C.跳挡　　D.乱挡

35.车辆在转弯和低速直行时，听到后桥发响，但车速升高后响声即消失，一般导致该现象发生的原因是(　　)。

A.轴承装配过紧　　B.差速器行星齿轮啮合间隙过大

C.差速器行星齿轮啮合间隙过小　　D.缺少润滑油

36.汽车底盘技术状况的动态直观检查包括(　　)。

A.发动机的检查　　B.传动系统的检查　　C.行驶系统的检查

D.转向系统的检查　　E.制动系统的检查

37.某福克斯轿车，出现制动拖滞故障，其主要原因可能是(　　)。

A.无制动踏板自由行程　　B.制动踏板自由行程过大

C.前轮外倾过大　　D.前轮外倾过小

38.检测某国产轿车交流发电机的技术状况，将电流表和电压表接在蓄电池与发动机之间，此时(　　)。

A.电流表串联，电压表串联　　B.电流表串联，电压表并联

C.电流表并联，电压表串联　　D.电流表并联，电压表并联

39.车用空调正常工作情况下(　　)。

A.低压管路呈低温状态，高压管路呈低温状态

B.低压管路呈高温状态，高压管路呈高温状态

C.低压管路呈高温状态，高压管路呈低温状态

D.低压管路呈低温状态，高压管路呈高温状态

40.车用空调正常工作情况下(　　)。

A.压缩机排气阀发烫,进气阀发烫　　B.压缩机排气阀发凉,进气阀发凉

C.压缩机排气阀发凉,进气阀发烫　　D.压缩机排气阀发烫,进气阀发凉

41.利用示波器检查交流发电机二极管短路情况,当输出电压波形如下图所示时,表示(　　)。

A.正常　　B.单个二极管短路

C.两个同极二极管短路　　D.两个不同极二极管短路

42.利用示波器检查交流发电机二极管短路情况,当输出电压波形如下图所示时,表示(　　)。

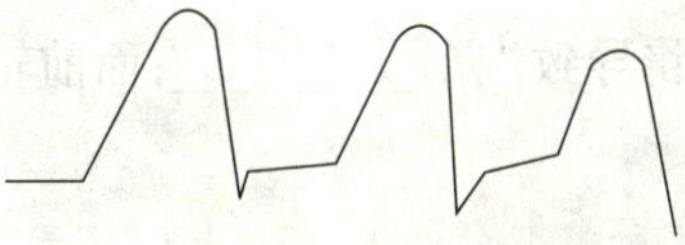

A.正常　　B.单个二极管短路

C.两个同极二极管短路　　D.两个不同极二极管短路

二、判断题,先判断后改错

1.汽油机点火敲击响的原因主要是所用汽油的辛烷值太高。(　　)

2.汽油机汽车排气颜色为蓝色,说明混合气过浓或点火时刻过迟,造成燃烧不完全。(　　)

3.汽油机汽车排气颜色为黑色,说明混合气过浓或点火时刻过迟,造成燃烧不完全。(　　)

4.由于混合气过浓导致气缸内混合气燃烧不完全,则发动机废气呈淡灰色。(　　)

5.汽油机汽车排气颜色为黑色,说明有机油窜入气缸燃烧室内参与燃烧。(　　)

6.左右两前钢板弹簧刚度不等将造成汽车自动跑偏。(　　)

7.转向盘转向太重可能导致驾驶员路感减弱。(　　)

8.离合器分离不彻底的主要原因是踏板自由行程过大。(　　)

9.离合器踏板自由行程过大会造成离合器打滑。(　　)

10.左右两前轮轮胎气压不一致会造成转向盘自由转动量过大。(　　)

三、简答题

1.汽车技术状况的动态直观检测包括哪些内容?

2.简述发动机功率偏低的原因、诊断依据及发动机大修的条件。

3.某汽油车起动时曲轴能正常转动,但发动机起动困难,试简述其原因。

4.如何判断发动机起动性能优良?某汽油车起动时由于曲轴不能转动而导致发动机无法起动,试简述其原因。

5.请简述汽车自动跑偏的原因。

6.如何判断汽车制动系统失效？简要分析采用液压制动系统的汽车制动失效的主要可能原因。

7.简述六种轮胎异常磨损的现象及产生的主要原因。

四、填空题

1.车轮外倾角过大时，会造成轮胎________________磨损过大。车轮外倾角过小时，会造成轮胎________________磨损过大。

2.轮胎气压过低，会造成轮胎________________磨损严重；轮胎气压过高，会造成轮胎________________磨损严重。

3.两前轮轮胎气压不等，将导致汽车________________；而两前轮旋转质量不平衡，将造成________________。

4.前轮有单边拖滞现象，将导致汽车__________；而前轮使用翻新胎，将造成__________。

五、分析计算题

1.某轿车采用液压制动系统，在制动过程中，出现如下现象：迅速将制动踏板踩到底，汽车不能立即减速而停车；且其制动减速度小，制动距离长。试分析：

(1)该轿车制动系统存在何种故障？

(2)引起该故障的主要原因。

2.汽车在使用中，前轮轮胎有时会出现一些异常磨损情况，试分析：前轮轮胎产生异常磨损的主要原因。

3.一辆桑塔纳轿车装配有齿轮-齿条式机械转向系统，当该车以低速转弯行驶时，驾驶员转动方向盘非常吃力，试问：

(1)该车发生何种故障？

(2)分析产生该故障的主要可能原因。

4.一辆桑塔纳轿车装配有液压动力转向系统，当该车以低速转弯行驶时，驾驶员转动方向盘非常吃力，试问：

(1)该车发生何种故障？

(2)分析产生该故障的主要可能原因。

【评价与反馈】

班级:____________ 姓名:____________ 指导教师:____________

序号	考核项目	分值	考核内容	配分	考核标准	得分
1	出勤、纪律	5分	出勤	2分	违规一次不得分	
			行为规范	3分	违规一次不得分	
2	安全、防护、环保	20分	着装	2分	违规一次不得分	
			个人防护	3分	违规一次不得分	
			“5S”“EHS”	5分	违规一次不得分	
			设备使用安全	5分	违规一次不得分	
			操作安全	5分	违规一次不得分	
3	任务检测	20分	任务测验成绩	20分	测验成绩的20%计	
4	技能考核	35分	技能测验成绩	35分	测验成绩的35%计	
5	学习能力	10分	工单填写,工艺计划制订	4分	未做不得分	
			组内活动情况	5分	酌情扣分	
			资料查阅和收集	1分	未做不得分	
6	任务拓展	10分	知识拓展任务	2分	未做不得分	
			技能拓展任务	8分	未做不得分	
	总分	100分				

【教师评估】

序号	优点	存在问题	解决方案
教师签字:			

【学习后记】

任务三　汽车技术状况的仪器检测

【任务目标】

目标类型	目标要求
知识目标	(1)能描述无负荷测功仪的测功方法 (2)能描述气缸压缩压力、进气管真空度的检测方法 (3)能阐述车用油耗计的使用方法 (4)能阐述制动仪的检测方法
技能目标	(1)能对发动机功率进行检测 (2)能对气缸密封性进行检测 (3)能对汽车燃油消耗量进行检测 (4)能检测汽车的制动性能
情感目标	在操作过程中能养成仔细、耐心的习惯

【任务描述】

张先生的车在滑动板式侧滑试验台上进行车轮侧滑量的检测，让汽车后轮从滑动板上前进和后退驶过，发现前进时滑动板向外滑动，后退时又向内滑动，且前进和后退时数值相等，说明该车是处于什么情况？

【知识准备】

利用直观检查法，可以对汽车的技术状况进行定性判断，即初步判定车辆的运行情况是否基本正常、车辆各部分有无故障及故障的可能原因、车辆总成及部件的新旧程度等。当对车辆各项技术性能及总成、部件的技术状况进行定量、客观地评价时，通常需要借助一些专用仪器、设备。

一、发动机功率的检测

发动机的有效功率，是曲轴对外输出的净功率，是一个综合评价指标。通过该项指标，可以定性地确定发动机的技术状况，并定量地确定发动机的动力性能。

检测发动机有效功率的方法，有稳态测功和动态测功之分。稳态测功，是指发动机在节气门开度一定、转速一定和其他参数保持不变的稳定状态下，在测功器上测定功率的一种方法。稳态测功的结果比较准确、可靠，多为院校和科研单位做性能试验所采用。但测功一次费时费力，成本较高，且需要大型、固定安装的测功器，因而在一般运输、维修企业中采用不多。动态测功是指发动机在节气门开度和转速均为变动的状态下，测定其功率的一种方法。由于动态测功时，无须对发动机施加外部负荷，因而又称为无负荷测功或无外载测功。由于动态测功不加负荷，检测不需大型设备，既可以在台架上进行，也可以就车进行，因而提高了检测的方便性和检测速度，特别适用于对在用车发动机功率的检测，但其测量精度要差一些。

1.无负荷测功仪及其测功方法

无负荷测功仪既可以制成单一功能的便携式测功仪，又可以和其他测试仪表组合起来制成便携式或台式的发动机综合测试仪。近年来，便携式无负荷测功仪在国内发展很快，主要是向小型化、使用方便和适用多车型方面发展。有的厂家甚至将无负荷测功仪制成袖珍式，带有拔节天线，可收取发动机运转时的点火脉冲信号，而不必与发动机采取任何有线连接。使用时，手持该测功仪，面对发动机侧面拔出天线。当发动机突然加速运转时，即可遥测到加速时间和转速。然后，翻转测功仪，查看仪器背面印制的几种常见车型的功率与时间对照表，便可确定发动机功率的大小。发动机综合测试仪是一种测试项目较多的仪器，其组成往往带有无负荷测功部分。

不管哪种形式的无负荷测功仪，其通用的测功方法如下：仪器准备、发动机准备、联机测功、查对功率、单缸功率的检测。

无负荷测功仪，既可以检测发动机的整机功率，又可以检测某气缸的单缸功率。检测单缸功率的方法是：先测出发动机整机功率，再测出某单缸断火情况下的发动机功率，二者功率差即为断火缸的单缸功率。

2.检测结果分析

(1)发动机整机功率。

根据GB 7258—2017《机动车运行安全技术条件》的规定，发动机功率不得低于原标定功率的75%。当发动机功率比标定功率下降20%～25%时，必须修理以恢复发动机的动力性能，而不宜继续使用。

发动机功率偏低，一般是由于燃油供给系统调整状况不佳、点火系统技术状况不佳或气缸密封性不佳等原因造成，应进一步深入诊断，找出原因，进行调整或维修。

(2)发动机单缸功率。

技术状况良好的发动机，各单缸功率应是一致的，否则会造成发动机运转不平稳。比较各单缸功率，可判断各缸的技术状况。发动机单缸功率偏低，一般是由于该缸高压分线、分线插孔或火花塞技术状况不佳、气缸密封性不佳、气缸上润滑油缺少等原因造成，应更换、调整或维修。

二、气缸密封性的检测

气缸密封性与气缸、气缸盖、气缸衬垫、活塞、活塞环和进、排气门等包围工作介质的零件有关。这些零件组合起来(以下简称为气缸组)成为发动机的心脏，它们技术状况的好坏，不仅严重影响发动机的动力性和经济性，而且决定发动机的使用寿命。在发动机使用过程中，若上述零件出现磨损、烧蚀、结胶、积炭等现象，将导致气缸密封性下降。

气缸密封性是表征气缸组技术状况的重要参数。气缸密封性的诊断参数主要有气缸压缩压力、曲轴箱漏气量、气缸漏气量或漏气率、进气管真空度等。就车检测气缸密封性时，只要检测上述参数中的一项或两项，就足以说明问题。下面，仅对气缸压缩压力和进气管真空度的检测方法予以介绍。

1.气缸压缩压力的检测

检测活塞到达上止点时,气缸压缩压力的大小,可以表明气缸密封性的好坏。检测时,最常使用的仪器是气缸压力表。

(1)气缸压力表的使用。

由于用气缸压力表检测气缸压缩压力(以下简称气缸压力)具有价格低廉、仪表轻巧、实用性强和检测方法简便等优点,在汽车维修企业中应用极为广泛。

气缸压力表是一种专用压力表,一般由表头、导管、单向阀和接头等组成。压力表头多为波登管式,其驱动元件是一根扁平的弯成圆圈状的管子,一端为固定端,另一端为活动端。活动端通过杠杆、齿轮机构与指针相连。当压力进入弯管时弯管伸直,于是通过杠杆、齿轮机构带动指针动作,在表盘上指示出压力的大小。

气缸压力表的接头有两种,一种为螺纹管接头,可以拧紧在火花塞或喷油器螺纹孔内;另一种为锥形或阶梯形的橡胶接头,可以压紧在火花塞或喷油器孔上。接头通过导管与压力表头相连通。导管也有两种,一种为软导管,另一种为金属导管。软导管适用于螺纹管接头与压力表头的相连,金属导管适用于橡胶接头与压力表头的连接。气缸压力表还装有能通大气的单向阀。当单向阀处于关闭位置时,可保持压力表指针位置以便于读数。当单向阀处于打开位置时,可使压力表指针回零。气缸压力表如图3-3-1所示。

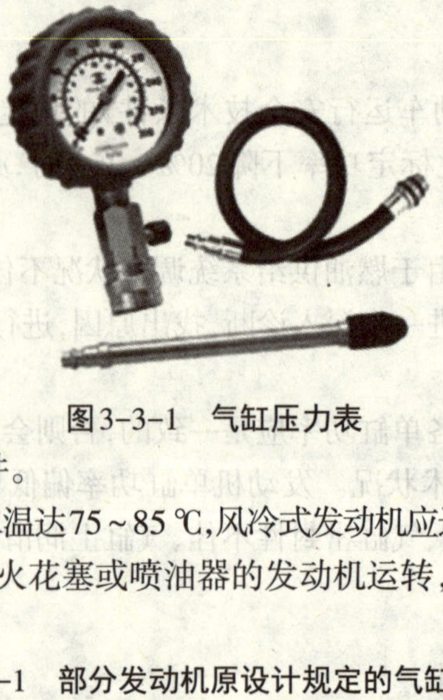

图3-3-1　气缸压力表

(2)气缸压力表的检测条件。

①水冷式发动机应运转至水温达75～85 ℃,风冷式发动机应运转至润滑油温达80～90 ℃。

②用起动机带动卸除全部火花塞或喷油器的发动机运转,其转速应符合原厂规定(参见表3-3-1)。

表3-3-1　部分发动机原设计规定的气缸压力

发动机型号	压缩比	气缸压力/kPa	检测时的转速/(r/min)
解放CA6102	7.4/6.9	930/881	
东风EQ6100-1	7	不小于833.57	
T928	16.5	2942～3236.19	600～1000
五十铃4JB1或493Q	18.2	3100	200
日产RD8	16	2942	200

续表

发动机型号	压缩比	气缸压力/kPa	检测时的转速/(r/min)
桑塔纳JV	8.5	1000~3000	
丰田1Y、2Y、3Y	8.8	1225.83	
4M/5M	8.5/8.8	1078.73	250
12R	8.5	1078.73	

(3)气缸压力表的检测方法。

①拆下空气滤清器,用压缩空气吹净火花塞或喷油器周围的脏物,然后卸下全部火花塞或喷油器,并按气缸次序放置。

②对于汽油发动机,还应把分电器中央高压线拔下,以防止电击和着火,然后把气缸压力表的橡胶接头插在被测缸的火花塞孔内,扶正压紧。

③将化油器节气门和阻风门置于全开位置,用起动机转动曲轴3~5 s(不少于四个压缩行程),待压力表表头指针指示并保持最大压力后停止转动。

④取下气缸压力表,记下读数,按下单向阀使压力表指针回零。

⑤按上述方法依次测量各缸,每缸测量次数不少于两次。

⑥就车检测柴油发动机气缸压力时,应使用螺纹接头的气缸压力表。如果该机要求在较高转速下测量,此种情况除受检气缸外,其余气缸均应工作。其他与汽油机相同。

(4)检测结果分析。

在用车发动机的气缸压力,可以参考交通部令13号《汽车运输业车辆技术管理规定》中总成大修送修标志的有关规定,气缸压力不得低于原设计的25%以上,否则需送厂大修。

常见汽车发动机气缸压力的原设计规定见表3-3-1。

如果所检测的气缸压力值超过原设计规定,并不一定是气缸密封性好,要结合使用和维修情况进行分析。这种情况有可能是燃烧室内积炭过多、气缸衬垫过薄或缸体与缸盖经多次修理而加工过甚造成。检测的结果若低于原设计规定,可向该缸火花塞或喷油孔内注入适量机油,然后用气缸压力表重测气缸压力,并分析记录结果。

①第二次测出的压力比第一次高,接近标准压力,表明是气缸、活塞环、活塞磨损过大或活塞环对口、卡死、断裂及缸壁拉伤等原因造成气缸不密封。

②第二次测出的压力与第一次略同,即仍比标准压力低,表明是进、排气门或气缸衬垫不密封。

③两次检测结果均表明某相邻两缸压力相当低,说明是两缸相邻处的气缸衬垫烧损窜气。

以上仅为对气缸组不密封部位的故障分析或推断,并不是有十分把握地确诊。为了准确地测出故障部位,可在量完气缸压力后,针对压力低的气缸,采用如下简易方法:卸下空气滤清器,打开散热器,用一条3 m长的软管,一头接在压缩空气气源(588.40 kPa)上,另一头通过锥形橡胶头插在火花塞孔内。摇转发动机曲轴,使被测气缸活塞处于压缩终了上止点位置,然后将变速器挂入抵挡。拉紧驻车制动,打开压缩空气开关,注意倾听漏气声。如在化油器口处听到漏气声,说明进气门不密封;如在排气消声器口处听到漏气声,说明排气门不密封;如在散热器加水口处看到有气泡,说明气缸衬垫在该两缸之间烧损窜气;如在加润滑油口处听到漏气声,说明气缸活塞副配合不密封。

用气缸压力表检测气缸压力,尽管应用极为广泛,但存在测量误差大的缺点。测量结果不但与气缸内各处的密封程度有关,而且还与曲轴的转速有关。不同型号的发动机,由起动机带动曲轴的转速不可能完全一致。即使同一型号的发动机,由于蓄电池、起动机和发动机的技术状况不一样,其起动转速也不可能完全一致。这就是出现了检测转速是否符合规定值的问题,它是用气缸压力表检测气缸压力误差大的主要原因。在检测气缸压力时,如能监控曲轴转速,将是发现问题、减小测量误差、获得正确结果的重要保证。用气缸压力表检测气缸压力的另一个缺点,是需要把所有的火花塞或喷油器卸下,一缸一缸地进行,费时费力。检测气缸压力时,也可用气缸压力测试仪进行。

2.进气管真空度的检测

发动机进气管的真空度也称进气管负压。它是进气管内的进气压力与外部大气压力的压力差,单位用"kPa"表示。进气管真空度是汽油机的重要诊断参数之一,它可以表征气缸组和进气管的密封性。汽油机进气管的真空度,通常用汽车发动机检测专用真空表进行测量。

(1)真空表的使用。

汽车发动机检测专用真空表,由表头和软管组成。检测前,将真空表上的软管与发动机进气歧管连接,使发动机处于正常工作温度,将发动机怠速调整到规定范围内。

(2)进气管真空度的诊断示例。

在发动机怠速运转条件下,根据真空表指针的摆动情况诊断发动故障。在真空表示意图3-3-2中,白针表示指针稳定,黑针表示指针漂移。

图3-3-2　真空表

①发动机正常。真空表指针稳定在57 ~ 70 kPa之间,海拔高度每增加304.8 m,真空表读数相应降低3.38 kPa。

②气门与气门座不密封。真空表读数跌落3 ~ 23 kPa,而且指针有规律地摆动,表示气门与气门座不密封。

③气门与气门导管卡滞。真空表读数有规律地迅速跌落10~16 kPa,表示气门与气门导管卡滞。

④气门弹簧折断或弹力不足。转速在2000 r/min时,真空表读数迅速地在33~74 kPa范围内波动,表示气门弹簧折断或弹力不足。

⑤气门导管磨损。真空表读数较正常值低10 ~ 13 kPa,并缓慢地在47 ~ 60 kPa范围内波动,表示气门导管磨损。

⑥活塞环磨损。发动机转速升至2000 r/min时,突然开大再关闭节气门,真空表读数迅速跌落至6 ~ 16 kPa,且回跳不到83 kPa,表示活塞环磨损。

⑦气缸衬垫窜气。真空表读数从正常值突然跌落33 kPa，至泄漏气缸进入工作行程时，真空表读数恢复正常，表示气缸衬垫窜气。

⑧混合气过稀或过浓。混合气过稀时，真空表不规则地跌落；混合气过浓时，真空表指针缓慢地摆动。

⑨进气歧管垫漏气或排气系统阻塞。真空表读数比正常值低10～30 kPa，表示进气歧管垫漏气。真空表读数从83 kPa跌落至6 kPa及以下，又迅速回至正常，表示排气系统阻塞。

⑩点火延迟。真空表读数稳定在47～57 kPa之间，表示发动机点火过迟。

⑪配气过迟。真空表读数稳定在27～50 kPa之间，表示发动机配气过迟。

⑫火花塞电极间隙过大、过小或断电器触点接触不良。真空表指针缓慢地在47～54 kPa之间摆动，表示火花塞电极间隙过大、过小或断电器触点接触不良。

进气管真空度检测是一项综合检测，在国外被认为是最重要、最实用和最快速的测试方法之一。但是，进气管真空度的检测也有不足之处，它往往不能指出故障的确切原因。例如，真空表检测能指示出气门有故障，然而无法确定是哪一个气门有故障，只能借助于其他检测仪器或方法，才能予以确诊。

汽车燃油消耗量，除了与燃油系统的技术状况有直接关系外，还与曲柄连杆机构、配气机构、润滑系统、冷却系统、行驶系统、转向系统和制动系统等有关，是一个综合性评价参数。用油耗计检测汽车油耗在使用中的变化，不仅可以诊断燃油系统的技术状况，而且可以诊断发动机及整车的技术状况，国外一些汽车运输企业甚至把油耗计作为确定汽车是否需要维修的有效工具。

三、驱动车轮输出功率或驱动力的检测

汽车驱动车轮输出功率或驱动力的检测，即通常所说的底盘测功。底盘测功的目的，有时是为了获得驱动车轮的输出功率或驱动力，以便评价汽车的动力性；有时则是用获得的驱动车轮的输出功率，与发动机飞轮输出功率进行对比，并求出传动效率，以便判定底盘传动系统的技术状况。底盘测功在滚筒式试验台上进行，该试验台通常称为底盘测功试验台或底盘测功机。

1.底盘测功试验台的基本结构

滚筒式测功试验台由滚筒、功率吸收装置、测量装置和辅助装置四部分组成。底盘测功试验台的滚筒相当于连续移动的路面，被测车辆的车轮在其上滚动。该种试验台有单滚筒和双滚筒等形式。功率吸收装置也是一个加载装置，可用它来吸收（测量）发动机经传动系统至驱动车轮的功率。常用的加载装置有：水力测功器、直流电电力测功器和电涡流测功器。目前大多数实验台上采用电涡流测功器。测量装置包括测力装置、测速装置和功率指示装置。如果测力装置为电测式，指示装置能直接指示驱动车轮的输出功率。特别是微机控制的底盘测功试验台，测力杠杆处测力传感器输出的电信号送入微机处理，可在指示装置上直接显示功率值。测力装置为机械式和液压式的试验台，其指示装置仅能指示驱动车轮的驱动力。此时，驱动车轮的输出功率应根据测得的驱动力和对应的试验车速按下式计算：

$$P_k=\frac{Fv}{3600}$$

式中：P_k——驱动车轮输出功率(kW)；

F——驱动车轮驱动力(N)；

v——实验车速(km/h)。

底盘测功试验台的辅助装置，主要包括汽车举升装置、纵向约束装置和冷风装置等。

2.底盘测功试验台的测功方法

(1)确定测功项目。

汽车底盘测功前，首先根据测试目的或应车主要求，确定测功项目。一般有以下几项：

①发动机标定功率下驱动车轮的输出功率或驱动力。

②发动机最大转矩转速下驱动车轮的输出功率或驱动力。

③发动机全负荷选定车速下驱动车轮的输出功率或驱动力。

④发动机部分负荷选定车速下驱动车轮的输出功率或驱动力。

(2)车辆准备。

汽车开上底盘测功试验台以前，必须道过通路试验走热全车。然后调整发动机供油系统、点火系统至最佳工作状态，检查传动系统、车轮的连接情况，检查轮胎并使其达到汽车制造厂的规定值。

(3)测功方法。

车辆准备好后，开到底盘测功试验台上。试验台如果是单轮双滚筒式，应将被测驱动轮置于两滚筒之间，放下举升平板，并对车辆进行必要的纵向约束。检测发动机标定功率和最大扭矩转速下驱动车轮输出功率或驱动力时，将变速器挂入选定挡位，松开制动手刹，踩下加速踏板，同时调节测功器制动力矩对滚筒加载，使发动机在节气门全开情况下以标定转速运转。待发动机运转稳定后，读取并打印驱动车轮的输出功率(或驱动力)值、车速值。在节气门全开情况下继续对滚筒加载，至发动机转速降至最大转矩转速(转速稳定)时，读取并打印驱动车轮的驱动力(或输出功率)值、车速值。

如需测出驱动车轮在变速器不同挡位下的输出功率或驱动力，则要依次挂入每一挡，并按上述方法进行检测。当发动机发出标定功率，挂直接挡，可测得驱动车轮的最大输出功率；当发动机发出最大转矩，挂1挡，可测得驱动车轮的最大驱动力。

在发动机全负荷选定车速下，驱动车轮输出功率或驱动力的检测，是在踩下加速踏板的同时调节测功器制动力矩对滚筒加载，使发动机在节气门全开的情况下，以选定的车速稳定运转进行的。在发动机部分负荷选定车速下，驱动车轮输出功率或驱动力的检测与此相同，只不过发动机是在选定的部分负荷下工作而已。

当使用DCG-10C型汽车底盘测功试验台时，将“速度给定”旋钮拨到选定的速度刻线上，“功能选择”旋钮拨到“恒速”上。在逐渐增大节气门到所需位置的同时，控制装置能自动调控励磁电流，须将“功能选择”旋钮拨到“恒流”上，然后手动旋转“电流给定”旋钮，即可增大或减小励磁电流，并在旋钮给定位置上供给恒定的励磁电流。

四、前轮定位的检测

汽车前轮定位角度的检测，有静态检测法和动态检测法两种。静态检测法是在汽车停止的情况下，使用测量仪器对前轮定位进行几何角度的测量。动态检测法是在汽车以一定速度行驶的情况下，用测量仪器或设备检测前轮定位产生的侧向力或由此引起的车轮侧滑量。

1.前轮定位值的检测

前轮定位包括前轮前束、前轮外倾、主销后倾和主销内倾，是前桥技术状况的重要诊断参数。前轮定位正确与否，将直接影响到汽车的直线行驶稳定性、安全性、燃油经济性、轮胎和有关机件的磨损及驾驶员的劳动强度等。因此，前轮定位值的检测不仅对在用车是十分必要的，而且对新车型进行质量抽查时也是必不可少的。

前轮定位值的检测采用静态检测法，使用的检测设备有气泡水准式、光学式、激光式、电子式和电脑式等车轮定位仪。其中，气泡水准仪在国内获得了广泛的应用。该种仪器按适用车型范围可分为两种：一种适用于大中小型汽车，另一种仅适用于小型汽车。前者一般由水准仪、支架和转盘（又称转角仪）等组成；后者一般由水准仪和转盘组成。

2.前轮侧滑量的检测

前轮侧滑量的检测，必须采用动态检测法，检测的主要目的是为了确定前轮前束与前轮外倾的配合是否恰当，使用的检测设备主要是滑动板式侧滑试验台。

（1）前轮前束与外倾的关系及侧滑量检测原理。

为了减少前轮纵向旋转平面接地点至主销中心延长线与地面交点的距离，并避免前桥在承受较大载荷后，前轮不致产生内倾，因而在前轮定位中出现了前轮外倾这一角度。但是前轮外倾后，在两前轮滚动中出现了向外张开的趋势。虽然在刚性前梁的约束下，前轮并不能真正向外分开滚动，但两前轮分别给地面向内的侧向力和轮胎在地面上的滑磨是实际存在的。此时，若使这样的汽车前轮在两块互不连接、可以左右自由滑动的滑动板上前进通过时，则可以看到两滑动板向内靠拢。滑动板向内的靠拢量，即为该前轮的外侧滑量。

前轮前束是为纠正前轮外倾后向外张开滚动这一缺陷而出现的。当前束值恰到好处时，给外倾的前轮一个合适的方向修正量，这样前轮就会保持稳定的直线行驶。此时，即使汽车前轮再通过同样的滑动板，滑动板也不会左右移动。当然，若前轮前束值太大，则两前轮滚动时又有向内靠拢的趋势。刚性前梁虽不允许两前轮真正向内靠拢，但两前轮分别给地面一个向外的力，并在地面上滑磨也是实际存在的。此时，若汽车的前轮通过上述同样的滑动板，则两滑动板分别向外滑动。滑动板的滑动量，即为该前轮的侧滑量。

侧滑试验台，就是利用上述滑动板在侧向力作用下能够横向滑动的原理，来测量前轮侧滑量的。检测中滑动板若向外移动，则表明前轮前束太大或负外倾太大；若滑动板向内移动，则表明前轮外倾太大或负前束太大；若滑动板不移动，表明前轮没有侧滑量，即前束与外倾配合得恰到好处。

（2）侧滑试验台的基本结构。

侧滑试验台实施汽车在滑动板上驶过，用测量滑动板左、右方向移动量的方法，来检测前轮侧滑量并判断是否合格的一种检测设备。侧滑试验台按滑动板数不同，可分为单板式和双板式两种。它们一般均由测量装置、指示装置和报警装置等组成。下面仅以双板式侧滑试验台为例，对其基本结构进行简单介绍。

①测量装置。测量装置由框架、左右板两块滑动板、杠杆机构、回位装置、滚轮装置、导向装置、锁止装置、位移传感器及信号传递装置等组成，它能把前轮侧滑量测出并传递给指

示装置。按滑动板位移量传递给指示装置方式不同，测量装置可分为机械式和电气式两种。机械式测量装置，是把滑动板与指示装置机械地连接在一起。通过连杆和L形杠杆等零件，把滑动板位移量直接传递给指示装置的一种结构形式。电气式测量装置是把滑动板的位移量通过位移传感器变换成电信号，再经过放大与处理而传输给指示装置的一种结构形式。位移传感器有自整角电机式、电位计式和差动变压器式等多种形式。

②指示装置。指示装置也分为机械式和电气式两种。检测人员从指示装置上，可获得前轮侧滑量的定量数值，并根据指针偏向IN或OUT的方向确定出侧滑的方向。指示装置的刻度板上，除用数字和符号标明侧滑量和侧滑方向外，有的还用颜色或英文划分区域。侧滑量0 ~ 3 mm范围内为绿色，标示为良好区域；侧滑量3 ~ 5 mm为黄色，标示为可用区域；侧滑量在5 mm以上为红色，标示为不良区域。

③报警装置。在检测前轮侧滑量时，为便于快速表示结果是否合格，当侧滑量超过规定值(5格刻度)后，侧滑试验台能根据测量装置的限位开关等发出信号。用蜂鸣器或信号灯报警，无须读取指示仪表上的数值，为检测工作节约时间。

近年来国内各厂家生产的侧滑试验台的电气式指示装置，多以单片机进行数据采集和处理，具有操作方便、运行可靠、抗干扰性强等优点，同时还能对检测结果进行分析、判断、存贮、打印和数字显示等功能。

(3)侧滑试验台的使用方法。

①检测前的准备工作。

②检测方法。

a.汽车以3 ~ 5 km/h的速度垂直行驶向侧滑试验台，使前轮平稳通过滑动板。

b.当前轮完全通过滑动板后，从指示装置上观察侧滑方向并读取、打印最大侧滑量。

c.检测结束后，切断电源并锁止滑动板。

③使用注意事项。

a.不能让超过试验台允许载荷的车辆通过试验台。

b.车辆不能在试验台上转向和制动。

c.保持试验台内、外及周围环境清洁。

d.其他注意事项见仪器使用说明书。

④诊断标准。根据国家标准GB 7258—2017《机动车运行安全技术条件》的规定，用侧滑试验台(包括双板和单板侧滑试验台)检测前轮侧滑量，其值不得超过5 m/km。

⑤汽车后轴技术状况的检测。除个别汽车的后轮也有定位外，绝大多数汽车的后轮是没有定位的。对于后者，可用侧滑试验台按下列方法检测后轴是否变形，轮毂轴承是否松旷。

a.使汽车后轮从滑动板上前进和后退驶过，如两次读数均为零，表明后轴无变形。

b.如两次读数不为零，且前进和后退数值相等、方向相反，表明后轴在水平平面内发生弯曲。若前进时滑动板向外滑动，说明后轴端部向前弯曲。若前进时滑动板向内滑动，后退时又向外滑动，说明后轴端部向后弯曲。

c.如两次读数不为零，且前进和后退数值相等、方向相同，表明后轴在垂直平面内发生弯曲。若滑动板向外滑动，说明后轴端部向上弯曲；若滑动板向内滑动，说明后轴端部向下弯曲。

d.后轮多次驶过滑动板,每次读数不相等,说明轮毂轴承松旷。对于后轮有定位的汽车,仍可按上述方法检测,只是在检测结果中减去定位值,剩余值即为后轴变形造成的。

五、转向盘自由行程和转向力的检测

1.转向盘自由行程的检测

转向盘自由行程,是指汽车保持直线行驶位置不动时,左右晃动转向盘的自由转动量(游动角度)。转向盘自由行程是一个综合诊断参数,当其超过规定值时,说明从转向盘到转向轮的传动机构中有一处或几处配合松旷。转向盘自由行程过大时,将造成驾驶员工作紧张,并影响行车安全。

转向盘自由行程可采用专用仪器检测。简易的转向盘自由行程检测仪,由刻度和指针两部分组成。刻度盘通过磁力座吸附在驾驶室仪表板或转向盘轴管上,指针则固定在转向盘的周缘上。也可以反过来,即指针通过磁力座固定在仪表板或转向盘轴管上,而刻度盘固定在转向盘周缘上。使用该种检测仪时,应使汽车处于直线行驶位置不动,轻轻转动转向盘至空行程一侧极端位置,调整指针指向刻度盘零度,再轻轻转动转向盘至空行程另一侧极端位置,指针所示刻度即为转向盘自由行程。

根据GB 7258—2017《机动车运行安全技术条件》的规定,最大设计车速大于或等于100 km/h的机动车,转向盘的最大自由转动量,从中间位置向左或向右转角均不得大于10°;最大设计车速小于100 km/h的机动车(三轮农用运输车除外),其向左或向右转角均不得大于15°。转向参数测量仪或转向测力仪,一般都具有测量转向盘转角的功能,因此完全可以用来检测转向盘自由行程。

2.转向盘转向力的检测

操纵稳定性良好的汽车,必须有适度的转向轻便性。如果转向沉重,不仅增加驾驶员的劳动强度,而且因不能及时正确转向而影响行车安全。如果转向太轻,有可能导致驾驶员路感太弱或方向发飘,同样不利于行车安全。转向轻便性,可用一定行驶条件下作用在转向盘上的转向力(即作用在转向盘外缘的圆周力)来表示。采用转向参数测量仪或转向测力仪等仪器,可以测得转向力及对应转角。转向轻便性试验方法,一般有原地转向力试验、低速大转角(8字行驶)转向力试验、弯道转向力试验等,可按有关国家标准规定进行。

根据国家标准GB 7258—2017《机动车运行安全技术条件》的规定,机动车在平坦、硬实、干燥和清洁的水泥或沥青道路上行驶,以10 km/h的速度在5 s之内沿螺旋线从直线行驶过渡到直径为25 m的圆周行驶,施加于转向盘外圆的最大切向力不得大于245 N。

六、制动性能的检测

汽车的制动性能,包括行车制动性能和驻车制动性能。行车制动性能,是指汽车在行驶中能强制降低行驶时的速度以至停车,且能维持方向稳定性的能力。驻车制动性能,是指汽车在一定坡度坡道上能长时间停车的能力。汽车制动性能良好与否,直接关系到汽车行驶的安全性。

评价制动性能的指标,主要有制动距离、制动时间、制动减速度和制动力等几项,可以利用检测仪器进行检测。在道路上进行汽车制动性能检测时,可利用五轮仪或制动仪等仪器进行;在室内进行汽车制动性能检测时,可利用制动试验台进行。

1.利用五轮仪检测制动性能

在道路试验中检测车辆的整车性能时,经常要使用五轮仪,以测出车辆行驶的距离、时间和速度。当五轮仪用于检测车辆的制动性能时,能测出制动距离、制动时间和制动初速度。

2.利用制动试验台检测制动性能

利用制动试验台检测汽车的制动性能时,可在室内进行。由于试验台检测制动性能具有迅速、准确、经济、安全、不受外界自然条件的限制,以及试验重复性好和能定量地指示出各轮制动力或制动距离等优点,在国内外获得了广泛应用。

(1)制动试验台的基本结构。

制动试验台可分为反力式和惯性式两类。目前使用最普遍的是单轴反力式滚筒制动试验台。它主要由驱动装置、滚筒装置、测量装置、举升装置、指示与控制装置等组成。

①驱动装置。驱动装置由电动机、减速器和链传动装置组成。电动机的转动减速器把动力传给主动滚筒,主动滚筒又通过链传动装置,把动力传给从动滚筒。

②滚筒装置。滚筒装置由四个滚筒组成,每对滚筒独立设置,有主动滚筒和从动滚筒之分。

③测量装置。测量装置主要由测力杠杆、传感器和测力弹簧等组成。测力杠杆一端与传感器连接,另一端与减速器连接。传感器把测力杠杆的移动或力变换成反映制动力大小的电信号,送入到指示与控制装置中去。

④举升装置。为了便于汽车出入试验台,在两滚筒之间设有举升装置。举升装置一般由举升器、举升平板和控制开关等组成。

⑤指示与控制装置。指示与控制装置有电子式与电脑式之分。电子式的多配以指针式指示仪表;电脑式的多配以数字显示器,也有配置指针式指示仪表的。

(2)制动试验台的使用方法。

①打开电源,预热,调零。

②检查试验台滚筒及汽车轮胎清洁情况。

③核查汽车各轴的轴荷、轮胎胎压,升起举升装置。

④汽车被测车轴在轴重计或轮重仪上检测完轴荷后,应尽可能顺垂直于滚筒的方向驶入试验台。先前轴、再后轴,使车轮处于两滚筒之间。

⑤汽车停稳后,将变速杆置于空挡位置,使行车、驻车制动处于完全放松状态,能测制动时间的试验台,还应把脚踏开关套在制动踏板上。

⑥降下举升装置,至轮胎与举升装置完全脱离为止。如果制动试验台本身带有内藏式轴重测量装置的,则应在此时测出轴荷。

⑦起动电动机,使滚筒带动车轮转动,先测出制动拖滞力。用力踩下制动踏板,一般试验台在1.5~3.0 s后或带有第三滚筒的试验台发出信号后,滚筒自动停转。

⑧读取并打印检测结果。升起举升装置,开出以测车轴,然后开入下一车轴,按上述同样方法检测制动力。

⑨当驻车制动相关的车轴在实验台上时,检测完行车制动后应重新起动电动机,在行车制动完全放松的情况下用力拉紧驻车制动杆,检测驻车制动性能。所有车轴的行车制动和驻车制动性能检测完毕后,升起举升装置,使汽车开出试验台。

⑩切断试验台电源。

3.制动性能检测的检验标准

汽车制动性能检测完后，应将检测结果与检验标准对照，以判断制动性能是否合格。检验标准应符合GB 7258—2017《机动车运行安全技术条件》的相应规定。

(1)用制动距离检验行车制动性能的标准。

汽车在规定的初速度下，制动距离和制动稳定性应符合表3-3-2的要求。对空载检验制动距离有质疑时，可用表3-3-2满载检验的制动性能要求进行检测。制动距离，是指汽车在规定的初速度下急踩制动时，从脚接触制动踏板(或手触动制动手柄)时起，至车辆停住时止，车辆所驶过的距离。

表3-3-2 制动距离和制动稳定性的要求

车辆类型	制动初速度/(km/h)	满载检验制动距离要求/m	空载检验制动距离要求/m	制动稳定性要求任何部位不得超出的试车宽度/m
座位数≤9的载客汽车	50	≤20	≤19	2.5
其他总质量≤4.5 t的汽车	50	≤22	≤21	2.5
其他汽车、汽车列车及无轨电车	30	≤10	≤9	3.0
四轮农用运输车	30	≤9	≤8	2.5
三轮农用运输车	20	≤5	≤4.5	2.3

(2)用充分发出的平均减速度检验行车制动性能的标准。

汽车、汽车列车和无轨电车，在规定的初速度下急踩制动时，充分发出的平均减速度和制动稳定性，应符合表3-3-3的要求。单车制动协调时间应不大于0.6 s，列车制动协调时间应不大于0.8 s。对空载检验制动性能有质疑时，可用表3-3-3满载检验的制动性能要求进行检测。

表3-3-3 制动减速度的要求和制动稳定性要求

车辆类型	制动初速度/(km/h)	满载检验充分发出的平均减速度/(m/s)	空载检验充分发出的平均减速度/(m/s)	制动性要求车辆任何部位不得超出的试车道路宽度
座位数≤9的载客汽车	50	≥5.9	≥6.2	2.5
其他总质量≤4.5 t的汽车	50	≥5.4	≥5.8	2.5
其他汽车、汽车列车及无轨电车	30	≥5.0	≥5.4	3.0

制动协调时间是指在急踩制动时，从踏板开始动作至车辆减速度(或制动力)，达到表3-3-3规定的车辆充分发出平均减速度75%时所需的时间。

(3)进行制动性能检验时，制动踏板力或制动气压标准。

①满载检验标准。气压制动系统：气压表的指示气压小于等于额定工作气压。液压制动系统：座位数小于或等于9的载客汽车的踏板力小于或等于500 N。其他车辆的踏板力小于或等于700 N。

②空载检验标准。气压制动系统，气压表的指示气压小于或等于600 kPa。液压制动系统：座位数小于或等于9的载客汽车的踏板力小于或等于400 N；其他车辆的踏板力小于或等于700 N。

七、汽车前照灯技术状况的检测

汽车的前照灯，是保证车辆夜间行驶安全及提高行驶速度的重要条件。前照灯的技术指标主要指发光强度和光束照射位置。当发光强度不足或光束照射位置偏斜时，驾驶员就不易辨清前方的障碍物或给对面来车驾驶员造成眩目。因此，应按要求对前照灯的技术指标进行严格检查，以保障运行安全。前照灯的技术状况，可用屏幕和前照灯检验仪检测。

1.利用屏幕检测前照灯的光束照射位置

利用屏幕检测前照灯的光束照射位置时，检查用场地应平整，屏幕与场地应垂直。被检验的车辆应在空载、轮胎气压正常、乘坐一名驾驶员的条件下进行。将车辆停置于屏幕前，并与屏幕垂直，使前照灯基准中心距屏幕10 m，在屏幕上确定前照灯基准中心、离地面等高的水平基准线。以车辆纵向中心平面在屏幕上的投影线为基准，确定左右前照灯基准中心位置线。分别测量左右、远近光束的水平和垂直照射方位的偏移值。

2.利用前照灯检验仪检验前照灯的发光强度和光轴偏斜量

(1)前照灯检验仪的基本结构。

前照灯检验仪，按照其结构特征与测量方法的不同，可分为聚光式、屏幕式、投影式和自动追踪光轴式等几种类型。这些不同类型的前照灯检测仪，均由接受前照灯光束的受光器、使受光器与汽车前照灯对正的校准装置、前照灯发光强度指示装置、光轴偏斜量和偏斜方向指示装置，以及支柱、底板、导轨、车辆摆正找准装置等组成。

(2)前照灯发光强度和光轴偏斜量的检测方法。

各种前照灯检验仪的测量原理基本相同，都是采用能把吸收的光能变换成电流的硅光电池或硒光电池作为传感器，按照前照灯主光轴照射光电池产生电流的大小和比例，来测量前照灯发光强度和光轴偏斜量。

①前照灯检验仪的准备。

a.在前照灯检验仪不受光的情况下，检查光度计和光轴偏斜指示计的指针是否对准机械零点。若指针失准，可用零点调整螺钉调整。

b.检查聚光透镜和反射镜的镜面上有无污物，若有，可用软布或镜头纸等擦拭干净。

c.检查水准器的技术概况。若水准器无气泡，应进行修理；若气泡不在红线框内时，可用水准器调节器或垫片进行调整。

d.检查导轨是否沾有泥土等杂物，若有，应扫除干净。

②车辆的准备。

a.清除前照灯上的污垢。

b.轮胎气压应符合规定。

c.蓄电池应处于充足电状态。

③前照灯发光强度和光轴偏斜量的检测。由于前照灯检验仪的牌号、形式不同，其检测方法也不尽相同。现仅以聚光式前照灯检验仪为例，对其检测方法予以介绍。

a.将被检汽车尽可能地与检验仪的导轨保持垂直方向驶近检验仪，直至前照灯与检验仪受光器之间达到检测所要求的距离(1 m、0.5 m、3 m)。

b.使用车辆摆正找准器,使检验仪与被检汽车对正。

c.开亮前照灯,用前照灯照准器使检验仪与被检前照灯对正。

d.将"光度/光轴"转换开关扭向光轴一侧,然后转动上下和左右光轴刻度盘,使光轴偏斜指示计的指示值为零。此时,两光轴刻度盘上的指示值即为光轴偏斜量,如图3-3-3所示。

e.保持光轴刻度盘的位置不动,将"光度/光轴"转换开关扭向光度一侧,此时光度计的指示值即为发光强度。

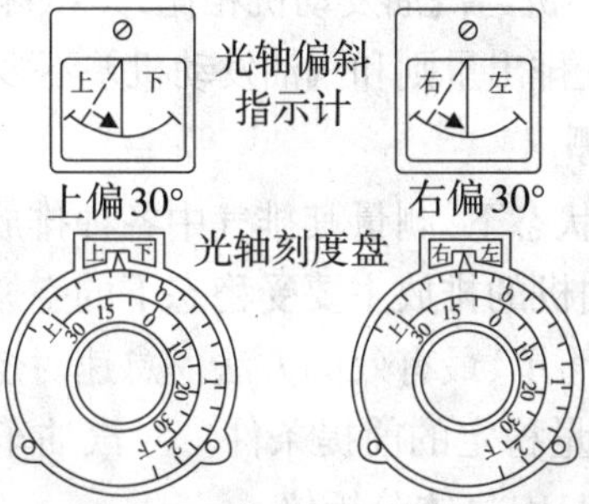

图3-3-3 使用聚光式前照灯检测仪检测光轴偏斜量

3.前照灯光束照射位置及发光强度的检验标准

根据GB 7258—2017《机动车运行安全技术条件》的规定,前照灯光束照射位置及发光强度,应符合以下检验标准的要求。

(1)前照灯的光束照射位置。

①在检验前照灯的近光光束照射位置时,前照灯在距离屏幕10 m处,光束明暗截止线转角或中点的高度应为0.6 ~ 0.8 H(H为前照灯基准中心高度,下同),其水平方向位置向左向右偏均不得超过100 mm。

②四灯制前照灯远光单光束灯的调整,要求在屏幕上光束中心离地高度为0.85 ~ 0.90 H,水平位置要求左灯向左偏不得大于100 mm,向右偏不得大于170 mm;右灯向左或向右偏均不得大于170 mm。

③使用远光和近光双束灯时,以调整近光光束为主。对于只能调整远光单光束的灯,调整远光单光束。

(2)前照灯的发光强度。

每只前照灯的远光光束的发光强度,应达到表3-3-4的要求。测试时,其电源系统应处于充足电状态。

表3-3-4 前照灯远光光束发光强度要求

车辆类型	新注册车/cd			在用车/cd		
	一灯制	两灯制	四灯制	一灯制	两灯制	四灯制
汽车、无轨电车	—	15000	12000	—	12000	10000
四轮农用运输车	—	10000	8000	—	8000	6000
三轮农用运输车	8000	6000	—	6000	5000	—

八、汽车排放污染物的检测

随着我国经济的迅速发展,汽车保有量的迅速增加,汽车排放的污染物已给城市大气环境造成严重危害,成为城市大气环境监督的主要污染源之一。因此,监督并检测废气污染物的浓度,已成为汽车检测项目中极为重要的部分。车辆排放的污染物,主要是一氧化碳(CO)、碳氢化合物(HC)、氮氧化物(NO_x)、铅化合物和其他一些有害物质。就CO来说,如果把汽油发动机的CO排放量当作1,则液化气发动机CO排放量为1/2,而柴油发动机的CO排放量为1/100。可以看出,柴油发动机与汽油发动机相比,其CO排出量要小得多。而且,柴油发动机的HC排出量也较少,但NO_x排出量则和汽油发动机差不多,且会排出令人讨厌的碳烟。

1.汽油车怠速污染物的检测

在汽油车处于怠速运行状态下,测量其排气中各种排放物的浓度,可借以判定发动机燃烧质量的好坏。怠速时,汽油机的排放主要受稳态下的空燃比和点火状态的影响,因此它是判断怠速状态下燃烧质量最简单、最有效的方法。怠速时燃烧条件是最恶劣的,怠速燃烧质量的稳定是其他工况燃烧质量稳定的前提条件。对汽油车怠速排放污染物进行检测时,一般采用不分光式红外线CO和HC气体分析仪。

(1)不分光式红外线CO和HC气体分析仪的基本结构。

不分光式红外线CO和HC气体分析仪,是一种能够从汽车排气管中采集气样对其所含CO和HC浓度进行连续测量的仪器。它由废气取样装置、废气分析装置、浓度指示装置和校准装置等组成。

(2)利用不分光式红外线CO和HC气体分析仪检测汽油车的怠速污染物。

1)仪器准备。

①按仪器使用说明书的要求做好各项检查工作。

②仪器校准。

a.接通电源,对分析仪预热30min以上。

b.用校准气样校准。先让分析仪吸入清洁空气,用零点调整旋钮把仪表指针调到零点;然后把仪器附带的标准气样,从标准气样注入口灌入;再用标准调整旋钮把仪表指针调到标准指示值。在灌注标准气样时,关掉分析仪上的泵开关。

c.简易校准。先通过简易校准开关,对有校准位置刻度线的仪器,可用标准调整旋钮把仪表指针调到正对刻度线位置。对于没有标准刻度线的仪器,要在标准气样校准后立即进行简易校准,使仪表指针与标准气样校准后的指示值重合。

d.把取样探头和取样导管安装到分析仪上,检查取样探头和导管内是否有残留HC。如果管内壁吸附残留HC的量很多,仪表指针大大超过零点以上时,要用压缩空气或布条等清洁取样探头和导管。

仪器经过上述检查和校准后,即可投入使用。

2)车辆准备。

①排气系统不得有泄漏。

②应保证取样探头插入排气管的深度不小于300 mm,否则排气管应加接管,但应保证接口不漏气。

③发动机应达到规定的热车状态。

3)检测方法。

①使发动机由怠速加速到中等转速,维持5 s以上,再降至怠速状态。

②把指示仪表读数转换开关打到最高量程挡位。

③将取样探头插入汽车排气管中,深度不小于300 mm。

④一边观看指示仪表,一边用读数转换开关选择适于废弃浓度的量程挡位,待指针稳定后,读数取最大值。若为多排气管时,则取各管测量值的算术平均值。

⑤检测工作结束后,把取样探头从排气管里抽出,让它吸入新鲜空气工作5 min,待仪器指针回到零点后再关掉电源。

4)注意事项。

①进行汽油怠速污染物检测时,一定把发动机怠速和温度控制在规定范围之内。

②取样探头、导管分为低浓度用和高浓度用两种,两者要分别使用。

③检测时导管不要发生弯折现象。

④多部车辆连续检测时,一定要把取样探头从排气管里抽出并待仪表指针回到零位后,再进行下一部车的测量。

⑤不要在有油或有机溶剂的地方进行检测。

⑥要注意检测地点的室内通风、换气,以防管内的积水腐蚀取样探头。

⑦分析仪不要放置在湿度大、温度变化大、震动大或有倾斜的地方。

⑧分析仪要定时保养,确保使用精度。

⑨校准用的校准气样是有毒的,要注意保管。

2.柴油车自由加速烟度的检测

汽车排烟尤以柴油车更严重。柴油车排出的烟色,主要分为黑烟、蓝烟和白烟三种。其中,以柴油车在全负荷和加速工况时排出黑色碳烟最为常见。车辆废气中黑烟发暗的程度用排气烟度表示,排气烟度用烟度计检测。烟度计大致分为滤纸式烟度计、透光式烟度计和重量式烟度计等多种类型。使用不同的烟度计,烟度的定义也不同。当使用滤纸式烟度计时,烟度是定容量排气所透过的滤纸的染黑度。

(1)滤纸式烟度计的基本结构。

滤纸式烟度计需使用一个活塞式抽气泵从柴油机排气管中抽取一定容积的废气,使它通过一张一定面积的白色滤纸,废气中的碳烟存留在滤纸上,并使其染黑。用检测装置测定滤纸的染黑度,该染黑度即代表柴油车的排气烟度。滤纸的染黑度用0~10波许单位(R_b)表示。规定全白滤纸的波许单位为0,全黑滤纸的波许单位为10,从0~10均分度。滤纸式烟度计主要由废气取样装置、染黑度检测与指示装置和控制装置等组成,有的还配备有打印机。

(2)柴油车自由加速烟度的检测方法。

检测柴油车排气烟度时,如能给发动机加上和在道路行驶时一样的负荷,是最为理想的。但是要做到这一点很不容易,因而往往采用无负荷的自由加速方法。自由加速工况是指发动机处于怠速工况(离合器处于结合位置,加速踏板位于松开位置)下,将加速踏板迅速踩到底,维持数秒后松开。

以半自动和全自动滤纸式烟度计为例,对柴油车自由加速烟度的检测方法予以介绍。

①仪器准备。

②车辆准备。

③检测方法。

a.取样探头逆气流固定于排气管内,并使其中心线与排气管轴线平行。

b.将脚踏开关引入汽车驾驶室内。

c.把抽气泵活塞压到最下端锁止。

d.进行自由加速烟度的检测。先由怠速工况将加速踏板踩到底,约4 s后迅速松开。如此重复三次,并把排气管内的炭渣除掉。每次加速后怠速运转约11s,在此时间内要用压缩空气清洗机构,对取样软管和取样探头吹洗3～4 s。

e.把脚踏开关固定在加速踏板上,将加速踏板与脚踏开关一并迅速踩到底,至4 s时立刻松开加速踏板和脚踏开关,维持怠速运转11 s。在此期间内完成废气取样、抽气泵复位、走纸、清洗和指示,带有打印机的还可以打印检测结果。

f.下一次重新加速距前一次加速的时间间隔为15 s。如此重复三次,三次读数的算术平均值,即为该工况下的排气烟度值。

g.在被染黑的滤纸上记下试验序号、试验工况和试验日期等,以便保存。

h.检测结束后,应及时关闭电源。

④注意事项。

a.取样软管的内径和长度有规定,不能随意用其他型号的管子代替。

b.指示装置不用时,应把测量开关打到关的位置,以免在移动或搬运时损坏指示电表。

c.指示装置不应在有震动或湿度大的地方放置。

d.滤纸和校准用标准烟样,不要放置在阳光曝晒或灰尘多的地方。

e.标准烟样要定期更换。

(3)柴油车自由加速烟度排放标准。

柴油车自由加速烟度排放应符合DB 11/045—2014的规定《柴油车自由加速烟度排放限值及测量方法》。

【任务检测】

一、选择题

1.无负荷测功可以通过测量(　　)。

A.运行速度来检测功率　　B.加速时间来检测功率

C.加载转矩来检测功率　　D.运行距离来检测功率

2.汽车在用发动机的功率不得低于额定功率的(　　)。

A.80%　　B.75%　　C.85%　　D.70%

3.大修后的发动机功率不得低于额定功率的(　　)。

A.70%　　B.75%　　C.80%　　D.90%

4.气缸密封性的诊断参数主要有(　　)。

A.气缸压缩压力　　B.曲轴箱漏气量　　C.气缸漏气量

D.进气管真空度　　E.排气管真空度

5.柴油机气缸气密性的诊断参数主要有(　　)。

A.气缸压缩压力　　B.进气管真空度　　C.漏气率

D.气缸漏气量　　E.曲轴箱漏气率

6.检测气缸压力时,如果两次检查结果均表明相邻两缸压力都很低,则最大的可能性是(　　)。

A.这两缸的相邻处气缸垫烧损　　B.这两缸的进排气门封闭不严

C.这两缸的压缩比偏小　　D.这两缸的活塞环磨损严重

7.检测气缸压力时,如果第二次测出的压力比第一次测出的压力高,接近标准压力,则最大的可能性是(　　)。

A.这两缸的相邻处气缸垫烧损　　B.这两缸的进排气门封闭不严

C.这两缸的压缩比偏小　　D.这两缸的活塞环磨损严重

8.某车配备的日产RD8发动机,检测气缸密封性时,发现在散热器加水口处有气泡,这表明(　　)。

A.气缸活塞副配合不密封　　B.两缸间气缸衬垫烧毁

C.进气门不密封　　D.排气门不密封

9.活塞到达(　　)位置时,检测气缸压缩压力的大小,可以表明气缸的密封性。

A.上止点　　B.下止点　　C.中间点　　D.任意点

10.测量发动机进气管真空度的仪表是(　　)。

A.气缸压力表　　B.真空表　　C.万用表　　D.示波器

11.用真空表检测进气管真空度时,当表针较正常值跌落3~23 kPa,并有规律摆动时,表明(　　)。

A.进气支管泄漏　　B.气缸衬垫漏气

C.气门与气门座密封不良　　D.点火过迟

12.用真空表检测进气管真空度时,当表针读数较正常值低10~13 kPa,并在47~60 kPa附近缓慢波动时,表明(　　)。

A.进气支管泄漏　　B.气缸衬垫漏气

C.气门导管磨损　　D.点火过迟

13.为了检测汽车燃油消耗量,对于汽油机且采用回油方式的汽油泵,应把油耗计传感器(　　)。

A.并联在汽油泵之前、化油器之后　　B.串联在汽油泵之前、化油器之后

C.并联在汽油泵之后、化油器之前　　D.串联在汽油泵之后、化油器之前

14.为了检测柴油机的燃油消耗量,应把油耗计传感器(　　)。

A.并联在燃油滤清器之前　　B.串联在燃油滤清器之前

C.并联在燃油滤清器之后　　D.串联在燃油滤清器之后

15.在底盘测功机上能检测的汽车主要性能有(　　)。

A.动力性　　B.操纵稳定性　　C.排放性能

D.燃油经济性　　E.通过性

16.底盘测功机能检测(　　)。

A.发动机标定功率下驱动车轮的输出功率或驱动力

B.发动机最大转矩转速下驱动车轮的输出功率或驱动力

C.发动机全负荷选定车速下驱动车轮的输出功率或驱动力

D.发动机部分负荷选定车速下驱动车轮的输出功率或驱动力

E.驱动车轮的输出功率

17.底盘测功机配置惯性飞轮主要是模拟汽车行驶时的(　　)。

A.空气阻力　　B.加速阻力　　C.滚动阻力　　D.爬坡阻力

18.为了更准确地进行汽车加速性能和滑行性能测试,底盘测功机应设置相应的(　　)。

A.功率吸收装置　　B.惯性模拟装置

C.反拖动装置　　D.纵向约束装置

19.有反拖装置的底盘测功机除具备常用底盘测功机功能外,还能测试底盘测功机自身的(　　)。

A.汽车加速时间　　B.汽车传动阻力

C.汽车噪声　　D.汽车的废气成分

20.测量驱动轮的最大驱动力,变速器应挂(　　)。

A.直接挡　　B.1挡　　C.2挡　　D.超速挡

21.用底盘测功机测量驱动车轮的最大输出功率,当发动机发出标定功率时,变速器应挂入(　　)。

A.1挡　　B.2挡　　C.直接挡　　D.最高挡

22.检测驱动车轮的驱动功率,常用(　　)。

A.无负荷测功仪　　B.有负荷测功仪　　C.五轮仪　　D.底盘测功机

23.前轮定位是前桥技术状况的重要诊断参数,它包括(　　)。

A.前轮前束　　B.前轮外倾　　C.主销内倾

D.主销后倾　　E.最大转角

24.检测前轮侧滑量的目的是(　　)。

A.确知前轮前束与前轮外倾的配合是否恰当

B.确知前轮前束与主销内倾的配合是否恰当

C.确知前轮外倾与主销内倾的配合是否恰当

D.确知前轮外倾与主销后倾的配合是否恰当

25.在侧滑实验台上测试汽车前轮侧滑量时,如滑动板向内侧滑动,是因为(　　)。

A.前轮外倾过大　　B.前轮负外倾过大

C.前束值过大　　D.前束与外倾配合得恰到好处

26.若转向轮向内侧滑,且侧滑量超标,一般尽量先调整(　　)。

A.前束　　B.主销外倾角

C.主销后倾角　　D.主销内倾角

27.在滑动板式侧滑试验台上对某私家轿车进行车轮侧滑量的检测,让汽车后轮从滑动板上前进和后退驶过,发现前进时滑动板向外滑动,后退时又向内滑动,且前进和后退数值相等,说明(　　)。

A.后轴端部向上弯曲　　B.后轴端部向下弯曲
C.后轴端部向前弯曲　　D.后轴端部向后弯曲

28.某车使用滑板式侧滑试验台做前轮侧滑量的检测，其侧滑量值大于5 m/km，是下列(　　)原因造成的。

A.前轮前束过大或前轮外倾过小　　B.前轮前束过小或前轮外倾过大
C.主销后倾角变化　　D.主销内倾角变化

29.某车使用滑板式侧滑试验台做前轮侧滑量的检测，其侧滑量值小于5 m/km，是下列(　　)原因造成的。

A.前轮前束过大或前轮外倾过小　　B.前轮前束过小或前轮外倾过大
C.主销后倾角变化　　D.主销内倾角变化

30.在侧滑实验台上测试汽车前轮侧滑量时，如滑动板向外侧滑动，是因为(　　)。

A.前轮外倾过大　　B.前轮外倾与前束配合好
C.前束值过小　　D.前束值过大

31.根据GB 7258—2017《机动车运行安全技术条件》的规定，2011款帕萨特领驭的转向盘最大自由转动量，从中间位置向右或向左转角(　　)。

A.均不得大于10°　　B.均不得小于10°
C.均不得大于15°　　D.均不得小于15°

32.某车的最高车速为160 km/h，根据GB 7258—2017《机动车运行安全技术条件》规定，其转向盘的最大自由转动量，从中间位置向左向右转角均不得大于(　　)。

A.10°　　B.15°　　C.20°　　D.30°

33.五轮仪能测量(　　)。

A.制动减速度、制动距离和制动力　　B.制动抗热衰退性
C.制动时汽车的方向稳定性　　D.制动距离、制动时间和制动初速度

34.在滚筒式制动检测台上进行车辆制动性试验时，检测的项目有(　　)。

A.各轮制动力　　B.每轴左右轮在制动力增长全过程中的制动力差
C.车轮的阻滞力　　D.制动减速度　　E.驻车制动力

35.制动试验台根据其测试原理可分为(　　)。

A.反力式　　B.惯性式　　C.滚筒式
D.平板式　　E.综合式

36.在道路上进行汽车制动性能检测时，常用(　　)。

A.五轮仪　　B.制动仪　　C.制动试验台
D.底盘测功机　　E.侧滑试验台

37.轿车空载时的制动距离要求：初速度为50 km/h时的制动距离为(　　)。

A.19 m　　B. 20 m　　C.22 m　　D. 24 m

38.进行制动性能检验(满载)时，应控制踏板力的大小，对于液压制动系统的制动力，乘用车应为(　)。

A.400 N　　B.500 N　　C.600 N　　D.700 N

39.根据结构特征与测量方法，前照灯检验仪可分为(　　)。

A.聚光式　　B.移动式　　C.屏幕式
D.投影式　　E.自动追踪光轴式

40. 在用机动车每只前照灯的远光光束发光强度，对四灯制的轿车应达到(　　)。

A.6000 cd　　B.8000 cd　　C.10000 cd　　D.12000 cd

41. 某检测站提供了一组四灯制汽车前照灯发光强度的检测记录，其中合格的是(　　)。

A.13000 cd，9800 cd，13000 cd，9800 cd

B.13000 cd，13000 cd，13000 cd，13000 cd

C.13000 cd，13000 cd，9800 cd，9800 cd

D.13000 cd，9800 cd，9800 cd，13000 cd

42. 汽油机排气管排出的废气的主要污染物成分有(　　)。

A.CO_2　HC　NO_x　　B.CO　HC　　C.HC　NO_x　　D.CO　HC　NO_x

43. 对汽油机怠速排放污染物进行测量时，一般采用(　　)。

A. 分光式红外线CO和HC气体分析仪

B. 不分光式红外线CO和HC气体分析仪

C. 滤纸式烟度计

D. 不透光烟度计

44. 决定汽油机废气中的CO浓度的一般是(　　)。

A. 空燃比　　B. 压缩比　　C. 点火提前角　　D. 发动机功率

45. 行车工况与废气的形成有密切关系，通常产生NO_x的工况是(　　)。

A. 暖机工况　　B. 怠速运行工况　　C. 中、低速匀速行驶　　D. 减速行驶

二、填空题

1. 检测发动机有效功率的方法，有____________和____________之分。

2. 根据GB 7258—2017《机动车运行安全技术条件》的规定：发动机功率不得低于原标定功率的____________。当发动机功率比标定功率下降____________时，必须修理以恢复发动机的动力性能。

3. 气缸密封性的诊断参数主要有气缸压缩压力、进气管真空度、曲轴箱漏气量、____________和____________。

4. 我国规定汽车燃油经济性指标是____________，而汽车的燃油消耗量常用____________测量。

5. 底盘测功试验台的滚筒相当于____________，而常用的加载装置有水力测功机、直流电电力测功机和____________测功机。

6. 汽车前轮定位角度的检测，有____________和____________两种方法。

7. 检测柴油机排气烟度时，常采用____________法；而检测汽油车怠速排放污染物时，一般采用____________仪。

三、简答题

(1)某二手车进行技术状况的鉴定过程中，如何对发动机进行无负荷测功？

(2)某二手车进行技术状况的鉴定过程中，如何对发动机进行动态测功？

(3)简述底盘测功试验台的组成及各部分的作用。

(4)简述用底盘测功机检测发动机标定功率下驱动车轮的驱动力的方法。

(5)请简述用于小型汽车的气泡水准车轮定位仪的组成结构及各部分的功能。

(6)简述滑动板式侧滑试验台的检测原理。

(7)单轴反力式滚筒制动试验台由哪几部分组成?各部分的作用是什么?

(8)前照灯的技术指标有哪些?如何用聚光式前照灯检验仪检测前照灯的光轴偏斜量?

(9)如何用聚光式前照灯检验仪检测前照灯的发光强度?

四、判断题,先判断后改错

1. 有负荷测功要对发动机施加外部负荷,也叫动态测功。 ( )

2. 无负荷测功是指发动机在节气门开度和转速均为变动的状况下,测定其功率的一种方法。 ( )

3. 在用车发动机功率不得低于额定功率的90%。 ( )

4. 有关标准规定,在用车发动机的气缸压力不得低于原设计额定压力的25%以上,否则需送厂大修。 ( )

5. 气缸密封性仅用于表征汽油机气缸组件的技术状况。 ( )

6. 某车发动机用气缸压力表测得结果如果超过原厂规定值,说明其气缸密封性好。 ( )

7. 用气缸压力表检测气缸压力误差小的主要原因是其测量结果仅仅与气缸内各处的密封程度有关。 ( )

8. 进气管真空度可以用来诊断柴油机气缸的密封性。 ( )

9. 目前大多数滚筒式底盘测功试验台采用电涡流测功器。 ( )

10. 目前大多数滚筒式底盘测功试验台采用水力测功器。 ( )

11. 气泡水准车轮定位仪不能检测前轮前束、前轮外倾角,只能检测后轮外倾角和后轮前束等定位参数。 ( )

12. 转向盘转向太轻可能导致驾驶员方向发飘。 ( )

13. 汽车各车轮的阻滞力不得大于该轴轴荷的10%。 ( )

14. 在制动力增长全过程中,左右轮制动力差与该轴左右轮中制动力大者之比,对前轴应≤20%,对后轴应≤24%。 ( )

15. 轿车空载时的制动距离要求为:初速度为50 km/h时的制动距离为24 m。 ( )

16. 汽车怠速时,由于节气门开度小,发动机转速很低,残余废弃量相对增加,燃烧温度偏低,且混合气较浓,使得CO和HC排放明显增多。 ( )

17. 汽油机排放气体的主要成分为一氧化碳、碳烟和氮氧化物。 ( )

18. 对于汽油车,降低废气中CO浓度的最好方法是尽可能提高空燃比,使混合气变稀,使燃烧充分。 ( )

19. 柴油车自由加速烟度的检测,一般采用滤纸式烟度计来检测。 ( )

【评价与反馈】

班级：__________ 姓名：__________ 指导教师：__________

序号	考核项目	分值	考核内容	配分	考核标准	得分
1	出勤、纪律	5分	出勤	2分	违规一次不得分	
			行为规范	3分	违规一次不得分	
2	安全、防护、环保	20分	着装	2分	违规一次不得分	
			个人防护	3分	违规一次不得分	
			“5S”“EHS”	5分	违规一次不得分	
			设备使用安全	5分	违规一次不得分	
			操作安全	5分	违规一次不得分	
3	任务检测	20分	任务测验成绩	20分	测验成绩的20%计	
4	技能考核	35分	技能测验成绩	35分	测验成绩的35%计	
5	学习能力	10分	工单填写，工艺计划制订	4分	未做不得分	
			组内活动情况	5分	酌情扣分	
			资料查阅和收集	1分	未做不得分	
6	任务拓展	10分	知识拓展任务	2分	未做不得分	
			技能拓展任务	8分	未做不得分	
	总分	100分				

【教师评估】

序号	优点	存在问题	解决方案
教师签字：			

【学习后记】

项目四 汽车的维修作业及维修价格

任务一 汽车的维修作业

【任务目标】

目标类型	目标要求
知识目标	(1)描述汽车的维修方式 (2)描述汽车的修理类别 (3)阐述汽车总成大修的条件
技能目标	(1)能指出采用就车修理法时汽车大修的工艺流程 (2)能指出采用总成互换修理法时汽车大修的工艺流程
情感目标	养成注意观察、分析的习惯

【任务描述】

赵某的私家车送修理厂检修时,发现变速器壳体是好的,但中间轴齿轮需更换,而其他部分无大的损坏,那该车需进行什么维修?

【知识准备】

汽车维修是指为确保汽车在使用过程中保持良好的技术状态和延长车辆使用寿命所采取的各种技术措施的总称,包括汽车维护和汽车修理。从事汽车维修活动的经济实体构成了汽车维修业。

汽车修理按其作业范围可分成汽车大修、总成大修、汽车小修和零件修理等。

按我国国家标准GB/T 16739.1—2014《汽车维修业开业条件》规定,汽车维修企业和个体维修户分成三类,即一、二、三类。一类是指从事汽车大修和总成修理生产的企业。此类企业还可以从事汽车维护、汽车小修和汽车专项修理生产。二类是指从事汽车一级、二级维护和汽车小修生产的企业。三类是指专门从事汽车专项修理(或维护)生产的企业和个体户。专项修理(或维护)的主要项目为:车身修理、涂漆、篷布、坐垫及内饰装饰修理,电器、仪表修理,蓄电池修理,散热器、油箱修理,轮胎修补,汽车门窗玻璃的安装,空调器、暖风机修理,喷油泵、喷油器、化油器修理,曲轴修磨,缸体镗磨,车身清洁维护等。

一、汽车的维修方式

目前，大家公认的汽车维修方式有三种：定期维修、视情维修、事后维修。

1.定期维修

定期维修又称时间预防维修，它是以使用时间(小时、千米、次数、周期等)作为维修期限。只要车辆使用到预先规定的时间，不管技术状况如何，都要进行规定的维修工作。这是一种带强制性的预防维修方式。所谓规定的维修工作，是根据这种预防维修方式所制订的维修类别进行，如进行车辆大、中、小修和各级维护保养。

定期维修的依据是机件的磨损规律。其关键问题是如何确定维修周期。如果更换机件的时间过早，便会造成人力、物力的浪费；过晚，则会因更换不及时而影响使用，甚至造成机件损坏而带来严重后果。所以要想使定期维修方式发挥好的作用，就需准确地掌握机件的维修时机。如果能在偶然故障阶段结束时进行机件的更换与维修，既能保证机件正常工作，又不致造成浪费。

定期维修的优点是：容易掌握维修时间，维修计划及组织管理工作简单、明确，且能预防故障发生。其缺点是：对磨损以外的其他故障模式，如疲劳、锈蚀、机件材质以及使用维修条件等方面影响而造成的故障未能考虑在内，不能针对总成或装置的实际情况进行维修。

2.视情维修

视情维修又称按需维修。这种维修方式是根据汽车各装置的实际情况来确定维修时机，不给各装置或机件规定拆卸范围和维修期限，而是在检查、测试其技术状况的基础上确定最佳维修时机。

视情维修是靠对各机件不断进行定量分析和监测某些参数或有关性能的视情资料，酌情确定维修项目和时间。视情资料是指通过诊断或检测表征机件状态参数所获得的资料，可以是逐段检查的连续记录，也可以是性能参数的连续记录。如定期对润滑油抽样、进行光谱及铁谱分析的记录等，可以从中估计出机件的磨损由量变到质变的时间，评定出机件极限状态的参数标准等，以作视情维修的主要依据。

视情维修可以充分发挥汽车零部件或机件的应有作用和潜力，提高其预防维修的有效性，减少维修工作量和人为差错。不过，这种维修方式费用较高，并要求修理单位具有一定的诊断条件。

3.事后维修

事后维修又称故障维修。它是在汽车零部件或机件发生故障而造成停机后才进行维修的一种维修方式。虽然这种方式会使维修工作处于被动地位，但实践证明，凡零部件或机件发生故障不会造成严重后果和不影响总成及系统安全性的，属于偶然故障且规律不清楚的，维修对象具有可靠性相当高、技术余度大、故障密度小或出现故障不致影响安全和任务的完成等，均可采用事后维修。例如，某些密封件在没有必要进行预防维修的情况下，完全可以在故障发生后进行修理或更换。这样做既可以充分发挥机件的应有作用，又可减小预防维修的范围和项目，避免那些不必要的拆装、检查、保养和修理，以利于减少维修人员的工作量、降低费用。

以上三种维修方式各具特点，各有其适用范围，如果应用得当，均会产生良好的维修效果。目前汽车维修发展的趋势是：事后维修→定期的预防维修→计划的定期检查→近期的计划维修→视情维修。

二、汽车的修理类别及总成大修的条件

1.汽车的修理类别

汽车修理按作业范围可分为：汽车大修、总成大修、汽车小修和零件修理。其作业性质如下：

(1)汽车大修。新车或经过大修的车辆，在行驶一定里程后，经过检测诊断技术鉴定，用修理或更换车辆任何零部件的方法，恢复车辆完好的技术状况，完全或接近完全恢复车辆使用寿命的恢复性修理。

(2)总成大修。车辆的总成经过一定使用里程后，用修理或更换总成任何零件(包括基础件)的方法，恢复其完好技术状况和使用寿命的恢复性修理。

(3)汽车小修。用修理或更换个别零部件的方法，保证或恢复车辆工作能力的运行性修理。主要是消除车辆在运行过程或维护作业过程中发生或发现的故障或隐患。

(4)零件修理。对因磨损、变形、损伤等而不能继续使用的零件进行修理。

2.汽车总成大修的条件

(1)发动机总成符合下列条件之一者应进行大修：

①发动机任何一个气缸的磨损量达到每 100 mm 缸 0.40 mm(特殊情况允许低于标准 0.03 mm)。

②发动机气缸体破裂，不能利用小修恢复其技术状况者。

(2)变速器总成符合下列条件之一者应进行大修。

①外壳破裂，简单焊修不能修复者。

②壳体变形或齿轮磨损(需要更换两对以上)引起脱挡者。

③齿轮、齿轮轴及轴承孔严重磨损或损坏发出异响者。

④驱动桥壳变形或桥壳及差速器壳破裂者。

⑤齿轮严重损坏而导致驱动桥发出异响者。

(3)车架总成符合下列条件之一者，应进行大修。

①车架断裂，需进行铆补、加固者。

②车架变形，需拆散校正、重铆者。

(4)车身总成符合下列条件之一者应进行大修。

①纵、横梁损坏两根以上，或底板、栏板损伤三分之一以上者。

②铁质车身骨架断裂、变形或蒙皮严重锈蚀面积达五分之一以上者。

(5)驾驶室总成符合下列条件之一者应进行大修。

①驾驶室钣金件锈蚀，需修复面积达三分之一以上者。

②驾驶室严重扭曲，骨架断裂者。

三、汽车修理作业方法

汽车修理作业方法，通常分为就车修理法和总成互换修理法。

1.就车修理法

就车修理法是指汽车在修理过程中，从车上拆下的总成和零部件，除更换应报废的以外，凡能修复的仍要装回原车使用的修理方法。

采用就车修理法时，由于各零部件或总成的损坏程度不同，修理的工作量和修复时间也有差异，因此影响修理、装配工作的连续性，从而延缓修复竣工的时间。但对工作量不大、承修车型复杂的单位，采用这种就车修理法具有非常必要的现实意义。

采用就车修理法时，汽车大修的工艺流程如图4-1-1所示。

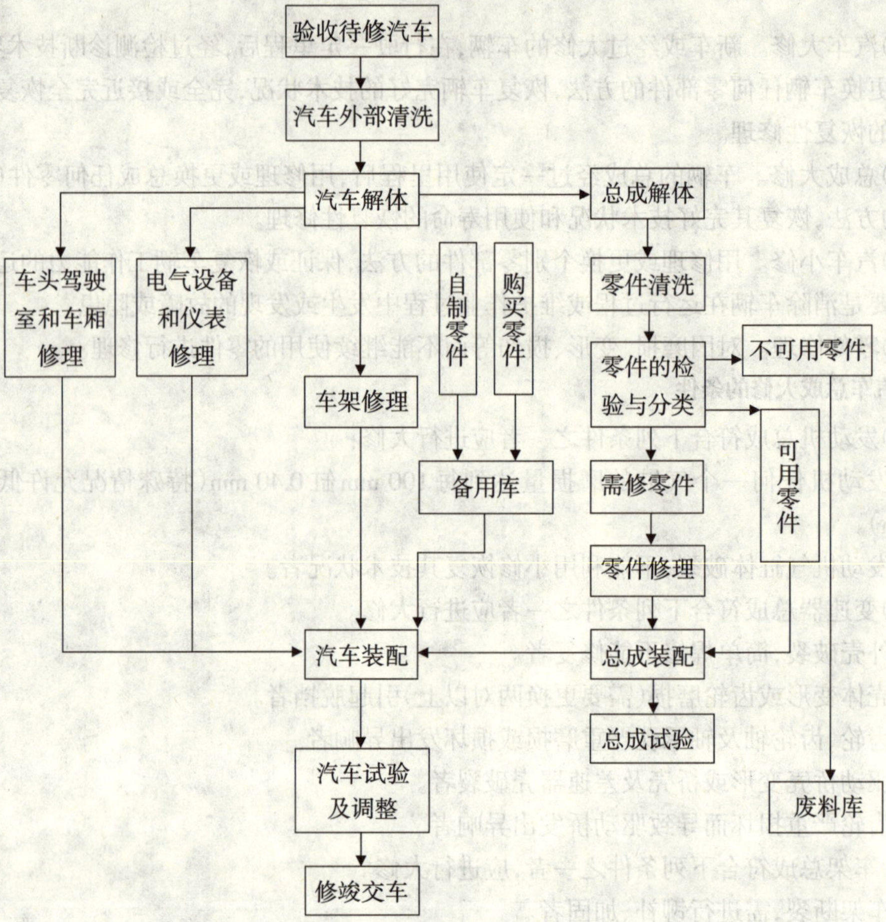

图4-1-1　采用就车修理法时汽车大修的工艺流程

2.总成互换修理法

总成互换修理法，是指汽车在修理过程中，除汽车车架及客车车身应就原件修理外，其他需要修理的总成或零部件都换用周转总成或周转零部件的一种修理方法。换下来的总成和零部件另行安排修理，修竣后补充到周转总成或零部件的储备库中，以备今后更换使用。

采用总成互换修理法，由于利用汽车周转总成或零部件，可以保证汽车装配的连续性，从而能缩短汽车的修理周期，达到高效、优质和低耗的目的。但采用这种修理方法，需要一定数量的周转总成和零部件的储备量，并应具备比较完善的生产工艺设备，且所修汽车的车型或业务范围比较单一。

采用总成互换修理法时汽车大修的工艺流程如图4-1-2所示。

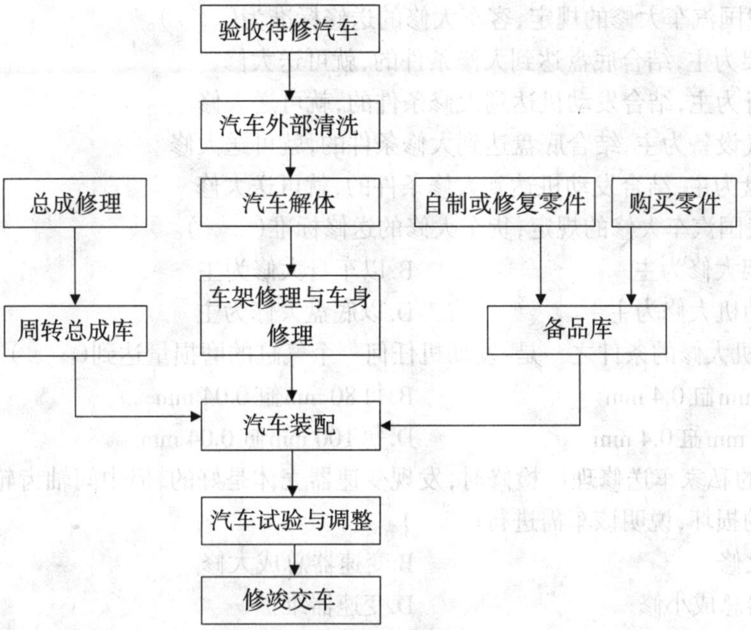

图4-1-2　采用总成互换修理法时汽车大修的工艺流程

【任务检测】

一、选择题

1. 按我国国标规定，汽车维修企业和个体维修户共分为(　　)。

A.2类　　B.3类　　C.4类　　D.5类

2. 根据国标《汽车维修业就业条件》规定，一类汽车维修企业可从事(　　)。

A. 汽车大修　　B. 总成修理　　C. 汽车维护

D. 汽车小修　　E. 汽车专项修理

3. 三类汽车维修企业可从事(　　)。

A. 汽车大修　　B. 车身涂漆　　C. 轮胎补胎

D. 汽车小修　　E. 曲轴修磨

4. 车身涂漆属于(　　)。

A. 汽车大修　　B. 专项修理

C. 汽车小修　　D. 总成大修

5. 曲轴修磨属于(　　)。

A. 汽车大修　　B. 汽车小修

C. 专项修理　　D. 总成大修

6. 根据汽车各装置的实际情况确定其最佳维修时机的维修方式是(　　)。

A. 视情维修　　B. 故障维修

C. 定期维修　　D. 计划维修

7. 目前公认的汽车维修方式包括(　　)。

A. 汽车大修　　B. 总成大修　　C. 预防维修

D. 按需维修　　E. 故障维修

8.根据我国汽车大修的规定,客车大修的送修标准为(　　)。
A.以车架为主,结合底盘达到大修条件的,就可送大修
B.以车身为主,结合发动机达到大修条件的,就可送大修
C.以电气设备为主,结合底盘达到大修条件的,就可送大修
D.以底盘为主,结合发动机达到大修条件的,就可送大修
9.根据我国汽车大修的规定,货车大修的送修标准(　　)。
A.以车架大修为主　　B.以车身大修为主
C.以发动机大修为主　　D.以底盘大修为主
10.发动机大修的条件之一是:发动机任何一个气缸的磨损量达到(　　)。
A.每80 mm缸0.4 mm　　B.每80 mm缸0.04 mm
C.每100 mm缸0.4 mm　　D.每100 mm缸0.04 mm
11.赵某的私家车送修理厂检修时,发现变速器壳体是好的,但中间轴齿轮需更换,而其他部件无大的损坏,说明该车需进行(　　)。
A.汽车大修　　B.变速器总成大修
C.变速器总成小修　　D.变速器维护
12.变速器总成符合下列条件之一应进行大修(　　)。
A.外壳破裂,简单焊修不能复原者
B.齿轮磨损引起脱挡者
C.齿轮磨损或损坏发出异响者
D.自锁弹簧疲劳引起跳挡者
E.变速杆下端长度不足引起乱挡者
13. 汽车修理按作业范围可分为(　　)。
A.汽车大修　　B.总成大修　　C.日常维修
D.汽车小修　　E.零件修理

二、名词解释

1.视情维修
2.事后维修
3.就车修理法
4.总成互换修理法

三、简答题

1. 简述定期维修的依据、需解决的关键问题及优缺点。
2. 简述视情维修的依据及优缺点。
3. 汽车修理按作业范围可分为哪几类?变速器总成大修的条件有哪些?
4. 发动机总成大修的条件有哪些?
5. 简述汽车大修的作业范围。
6. 简述发动机总成大修的作业范围。
7. 什么是就车修理法?该方法有何优缺点?

【评价与反馈】

班级：____________ 姓名：____________ 指导教师：____________

序号	考核项目	分值	考核内容	配分	考核标准	得分
1	出勤、纪律	5分	出勤	2分	违规一次不得分	
			行为规范	3分	违规一次不得分	
2	安全、防护、环保	20分	着装	2分	违规一次不得分	
			个人防护	3分	违规一次不得分	
			“5S”“EHS”	5分	违规一次不得分	
			设备使用安全	5分	违规一次不得分	
			操作安全	5分	违规一次不得分	
3	任务检测	20分	任务测验成绩	20分	测验成绩的20%计	
4	技能考核	35分	技能测验成绩	35分	测验成绩的35%计	
5	学习能力	10分	工单填写，工艺计划制订	4分	未做不得分	
			组内活动情况	5分	酌情扣分	
			资料查阅和收集	1分	未做不得分	
6	任务拓展	10分	知识拓展任务	2分	未做不得分	
			技能拓展任务	8分	未做不得分	
总分		100分				

【教师评估】

序号	优点	存在问题	解决方案
教师签字：			

【学习后记】

任务二　汽车的维修价格

【任务目标】

目标类型	目标要求
知识目标	(1)能描述汽车维修业户的纳税形式 (2)能描述汽车维修成本、收费标准的计算公式 (3)能阐述汽车维修作业的范围
技能目标	(1)能根据车辆情况判断需要进行哪种类型修理 (2)能够计算汽车维修费用
情感目标	养成细心计算的习惯

【任务描述】

某维修业户对一辆CA1091汽车进行二级维护，附发动机及离合器大修作业。若维修业户属一般纳税人，工时费为3766元，材料费及厂外加工费为2500元，企业管理费率为17%，价格调节基金(法定规费率)为0.5%，按《中华人民共和国增值税暂行条例》规定计算税率，则该车的维修成本为多少？

【知识准备】

一、汽车维修费用的计算公式

1.汽车维修业户的纳税形式

现行的汽车维修业户的纳税形式，分增值税小规模纳税人和增值税一般纳税人两种。

根据《中华人民共和国增值税暂行条例实施细则》第二十八条规定：从事货物生产或者提供应税劳务的纳税人，以及以从事货物生产或者提供应税劳务为主，并兼营货物批发或者零售的纳税人，年应征增值税销售额(以下简称应税销售额)在500万元以下(含本数)的称为小规模纳税人。

根据《中华人民共和国增值税暂行条例》第二条第四点：纳税人提供加工、修理修配劳务(以下简称应税劳务)税率为16%(增值税一般纳税人使用)。第十一条：小规模纳税人发生应税销售行为，实行按照销售额和征收率计算应纳税额的简易办法，并不得抵扣进项税额。应纳税额计算公式：应纳税额=销售额×征收率。第十二条：小规模纳税人增值税征收率为3%，国务院另有规定的除外。

2.汽车维修费用计算公式

(1)增值税小规模纳税人类型维修企业的汽车维修费用。

①汽车维修成本的计算公式为:

汽车维修成本=(工时定额×工时单价)+材料费+厂外加工费

②汽车的维修收费标准的计算公式为:

$$汽车维修收费标准=\frac{维修成本\times(1+企业管理费率)}{1-(税率+法定规费率)}$$

(2)增值税一般纳税人类型维修企业的汽车维修费用。

①首先计算增值税货物的销售额。由于新增值税实行价外税形式,销售额不同于原产品税、营业税所称的销售收入。它是不含增值税的销货价款,在新增值税中称其为销售额。因此,应把维修成本的材料费及厂外加工费还原成不含税的销售额。

$$原始销售额=\frac{含税的材料费+含税的厂外加工费}{1+17\%}$$

②此时,汽车维修成本的计算公式为

$$汽车维修成本=\frac{(工时定额\times工时单价)}{1+17\%}$$

③此时,汽车的维修收费标准的计算公式为

$$汽车维修收费标准=\frac{维修成本\times(1+企业管理费率)}{1-法定规费率}\times(1+17\%)$$

④对于增值税小额纳税人类型的汽车维修企业,以及增值税一般纳税人的汽车维修企业,其维修成本及维修费用计算公式相应内容的说明如下:

a.厂外加工费。指承修单位承担不了,须委托外加工而发生的费用。

b.材料费。指汽车在维修过程中所消耗的材料费用。

c.企业管理费率。它包括企业利润在内,一般最高为13%。

d.法定规费率。指由相关管理部门批准征收的有关管理费和价格调节基金。

e.税率。增值税小额纳税人的税率为6%;增值税一般纳税人的税率为17%。

f.工时单价。工时单价是指核定的汽车维修每一工时的收费标准,其单位是"元/小时"。工时单价的确定,是以汽车维修和生产中的工时成本为依据的。工时成本包括:维修生产工人的平均工资、奖金、福利待遇费用,修理设备和工具、加工设备、检测设备、计量器具、生产辅助设备、厂房等的折旧以及水、电、油等的消耗,部分辅助材料消耗和其他用于生产的支出费用等。工时单价的具体数额通常由维修企业所在城市自行确定,在执行中允许下浮。

g.工时定额。工时定额是依据各类维修工艺技术规范和维修作业工序,并按照社会平均水平确定。工时定额的具体数值通常由各省(自治区、直辖市)自行确定,在执行中允许下浮。

二、汽车维修工时费的计算

1.各类型维修作业的工艺内容和范围

为了正确确定所进行的维修作业的类型,确保收费时既不出现重复也不出现漏项,应熟悉一下维修类型所包含的工艺内容和范围。

(1)汽车人修。汽车大修的作业范围包括:发动机总成、前桥总成、后桥总成、车架总成、变速器总成、客车车身总成、货车总成的解体、拆卸清洗、分类检验、备料、换件、零件修复、装配、总成的组装调试、竣工验收等全部过程。

按以往的概念,我国汽车大修以发动机总成大修为主,在前桥总成附转向器总成、变速器总成附传动轴总成、后桥总成中两个或两个以上总成大修为标志。客车以车身大修为主,而车架总成或发动机总成中的一个总成达到大修条件为标志。

(2)发动机总成大修。发动机总成大修的作业范围包括:发动机的解体、清洗、分类检验、换件,发动机机加工、零件修复、总成装配,发动机涂漆,发动机电器修理、磨合、调试及竣工验收的全部过程。

发动机大修的工艺标志,是镗磨气缸体和磨曲轴。当维修发动机需要镗磨气缸体和磨曲轴时,可以按发动机总成的大修工时定额计算,并按其工艺规范和技术标准进行修理工作。

(3)前桥总成大修、后桥总成大修、变速器总成大修。以上各总成大修的作业范围包括:总成零部件的解体清洗、分类检验、换件、修复、装配、调试及竣工验收的全部工作过程。

以上总成大修的标志是壳体发生变形、断裂、基孔磨损严重需要机械加工、焊、镶套校正或换新桥体,这时就可以按总成的大修工时计算。否则,只能按小修项目计算工时。例如,变速器中间轴齿轮需要更换,但壳体是好的,未达到大修变速器的条件,只能按小修项目进行计算。

(4)车架总成大修。当车架出现断裂、弯曲、扭曲、铆钉松动,必须拆卸其他总成才能修者,可以按总成大修的工时计算。在计算工时时,拆装其他总成的工时另计。

(5)车身总成大修。客车车身和货车车身(驾驶室、车厢)总成大修作业包括:彻底修复横梁、骨架断裂、霉烂、变形。其标志是横梁、骨架断裂、较大面积更换蒙皮或外观霉烂、严重变形。

(6)汽车小修。汽车小修作业项目范围包括:个别零部件的修理、更换、润滑、故障排除、整车调试、竣工验收等工作过程。

小修是指在基础件,如壳体、缸体、梁体不用修复或更换的情况下,发生的各种零部件的修理过程;或发生在总成拆装过程中需要拆卸的附带零部件。其工时计算特点是单项性,可直接在工时定额表内查到。

(7)汽车维护作业。汽车维护作业分为一级维护、二级维护。在交通行业标准DB 35/T164—2013《汽车维护工艺规范》中已明确规定了汽车维护的作业范围和具体工艺内容。凡维护作业范围之外的修理都属于附加项目,可附加计费。

2.各类汽车维修作业的工时定额

(1)汽车大修的工时定额。

①估算轿车大修的工时定额时,可参考表4-2-1进行。

表4-2-1　轿车大修工时定额参考表

序号	项目 \ 工时/h \ 车型	轿车				
		微型	普通型	中级	中高级	高级
一	全车大修工时合计	1147	1452	1812	1926	2069
二	发动机附离合器工时合计	232	284	396	411	443
1	发动机拆解、清洗、检修、装配磨合、调试	174	196	244	254	274
2	发动机机加工	32	58	68	70	75
3	发动机电器	24	28	82	85	92
4	发动机涂漆	2	2	2	2	2
三	底盘工时合计	268	310	394	418	442
1	变速器、分动器及传动轴	45	54	74	76	80
2	前桥、前悬架及转向器	60	61	87	88	96
3	后桥、后悬架(包括中桥)	60	61	80	83	90
4	制动系统(不包括前后轮制动器)	35	36	45	45	50
5	车架	40	54	60	70	70
6	轮胎	8	12	16	16	16
7	底盘机加工	12	24	24	32	32
8	底盘涂漆	8	8	8	8	8
四	车头、车身	250	350	400	418	460
五	篷垫	70	80	100	120	120
六	全车电系(不含发动机电器)	70	90	120	140	150
七	机加工(不含发动机、底盘机加工)	6	8	8	8	8
八	整车检验调试	16	20	24	24	26
九	全车涂漆(不含发动机、底盘涂漆)	235	310	370	390	420

②估算客车大修的工时定额时,可参考表4-2-2进行。

表4-2-2 客车大修工时定额参考表

序号	项目 工时/h \ 车型	客车						
		微型	轻型		中型		大型	
			普通型	豪华型	汽油车	柴油车	汽油车	柴油车
一	全车大修工时合计	1006	1416	1834	1993	2100	3082	3176
二	发动机附离合器工时合计	232	268	409	354	450	357	454
1	发动机拆解、清洗、检修、装配磨合、调试	174	178	254	254	286	256	290
2	发动机机加工	32	64	70	70	87	70	87
3	发动机电器	24	24	82	28	30	28	30
4	喷油泵、喷油器					44		44
5	发动机涂漆	2	2	3	2	3	3	3
三	底盘工时合计	271	338	419	489	494	727	728
1	变速器及传动轴	45	55	74	83	83	105	105
2	前桥、前悬架及转向器	58	60	87	98	98	105	106
3	后桥、后悬架(包括中桥)	65	70	80	99	99	135	135
4	制动系统(不包括前后轮制动器)	35	35	45	40	40	50	50
5	车架	40	70	75	80	80	190	190
6	轮胎	8	12	16	16	16	35	35
7	底盘机加工	12	28	32	65	70	90	90
8	底盘涂漆	8	8	10	8	8	17	17
四	车头、车身	202	350	400	500	500	1000	1000
五	转盘						100	100
六	蓬垫	50	100	140	162	162	240	240
七	全车电器(不含发动机电器)	29	46	90	100	100	104	104
八	机加工(不含发动机、底盘机加工)	6	8	12	24	30	24	24
九	整车检验调试	16	16	24	24	24	30	30
十	全车涂漆(不含发动机、底盘涂漆)	200	290	340	340	340	500	500

③估算载货车大修的工时定额时,可参考表4-2-3进行。

表4-2-3　载货车大修工时定额参考表

序号	项目 \ 工时/h \ 车型	载货车/t										
		微型车	汽油车				柴油车					
		1及以下	3.5及以下	4～5	6及以上	双排座	3.5及以下	4～5	6～8	9～12	13～15	15.5及以上
一	全车大修工时合计	796	1072	1188	1576	1137	1106	1380	1620	1768	2100	2309
二	发动机附离合器工时合计	258	321	342	416	321	353	419	460	506	595	637
1	发动机拆解、清洗、检修、装配磨合、调试	188	223	242	296	223	227	268	296	333	387	410
2	发动机机加工	48	70	70	87	70	70	75	87	96	112	115
3	发动机电器	20	26	28	30	26	22	30	30	30	35	50
4	喷油泵、喷油器						32	44	44	44	58	58
5	发动机涂漆	2	2	2	3	2	2	2	3	3	3	4
三	底盘工时合计	273	339	386	564	339	341	483	564	622	745	839
1	变速器、分动器及传动轴	46	56	65	82	56	56	69	82	90	115	180
2	前桥、前悬架及转向器	55	61	70	92	61	61	90	92	100	106	110
3	后桥、后悬架（包括中桥）	50	61	70	102	61	61	77	102	110	130	130
4	制动系统（不包括前后轮制动器）	30	32	35	52	32	32	44	52	57	80	90
5	车架	50	75	82	115	75	75	120	115	125	130	144
6	轮胎	8	16	16	32	16	16	24	32	35	60	55
7	底盘机加工	26	30	40	65	30	30	43	65	81	96	100
8	底盘涂漆	8	8	8	24	8	10	16	24	24	28	30
四	驾驶室、车头	75	130	140	182	130	130	150	182	198	230	240
五	车厢	40	90	100	128	90	90	107	128	139	161	175
六	蓬垫	28	32	40	43	32	32	35	43	47	54	60
七	全车电系（不含发动机电器）	30	24	40	70	54	34	47	70	70	100	110

续表

序号	工时/h 车型 项目	载货车/t										
		微型车	汽油车				柴油车					
		1及以下	3.5及以下	4～5	6及以上	双排座	3.5及以下	4～5	6～8	9～12	13～15	15.5及以上
八	机加工(不含发动机、底盘机加工)	6	10	10	16	10	10	11	16	18	25	40
九	整车检验调试	16	16	20	22	16	16	16	22	25	32	32
十	整车涂漆(不含发动机、底盘涂漆)	70	100	110	135	145	100	112	135	143	159	176

(2)汽车二级维护工时定额。

估算汽车二级维护工时定额时,可参考表4-2-4进行。

表4-2-4　汽车二级维护工时定额参考表(单位:h)

序号	维护项目	轿车				客车				载货车/t			
		微型	普通型	中级		微型	轻型	中型	大型	3.5及以下	4～6	7～12	13及以上
				前驱动	后驱动								
	合计	41	41	41	41	44	57	82	89	47	65	72	88
一	维护作业前检测	1.5	1.5	1.5	1.5	2.5	3.5	4	5	1.5	4	4	5
二	维护作业	33	33	33	33	35	47	71	77	39	53	60	74
1	发动机附离合器	8	8	8	8	10	11	14	18	11	12	15	18
2	底盘	12	12	12	12	12	20	32	32	15	23	25	31
	前桥及转向	6	6	6	6	4	8	14	14	7	11	12	14
	变速器、传动轴	1.5	1.5	1.5	1.5	2	2	3	3	2	2	2	3
	后桥	3	3	3	3	3	7	11	10	4	7	8	10
	制动	1.5	1.5	1.5	1.5	3	3	4	5	2	3	3	4
3	车身、车架、悬架	6	6	6	6	6	8	14	16	5	8	9	11
4	电器、仪表	6	6	6	6	5	6	8	8	6	7	8	10
5	轮胎	1	1	1	1	2	2	3	3	2	3	3	4
三	竣工过程检验	1.5	1.5	1.5	1.5	1.5	1.5	2	2	1.5	3	3	4
四	上线检测	5	5	5	5	5	5	5	5	5	5	5	5

(3)汽车小修工时定额。

①估算轿车小修工时定额时,可参考表4-2-5进行。

表4-2-5 轿车小修工时定额参考表

序号	修理项目	单位	类型						
			微型	普通型	中级		中高级		高级
					前驱动	后驱动	前驱动	后驱动	
			夏利(TJ7100)	捷达(普通型)	奥迪100	大宇王子	帕萨特VR6	凌志LS400	奔驰560
1	发动机抬下、抬上	台	70	100	110	90	130	110	208
2	换气缸垫	个	14	24	32	32	43	43	148
3	换气门弹簧或油封	台	14	24	32	32	43	43	66
4	换气门、铰磨气门座圈	台	14	24	32	32	43	43	230
5	换气门导管	台	14	24	32	32	43	43	80
6	换气缸盖	个	24	34	42	42	53	53	230
7	换曲轴正时齿轮	只	12	14	18	20	24	20	150
8	变速器抬上、抬下	只	35	37	43	31	53	41	130
9	换变速器后油封	只	16	18	20	10	24	12	27
10	换变速器同步器①	套	18	24	26	26	38	38	130
11	换变速器中间轴或齿轮①	根/只	18	24	26	26	38	38	130
12	拆装转向器	只	14	20	24	20	28	24	100
13	动力转向系统的检修						28	28	30
14	拆装前桥总成	台	42	52	58	58	68	68	160
15	拆装前半轴	根	16	18	20		24		40
16	检修前差速器				26		32		
17	拆装、检修前差速器减速器	台	30	37	45		53		56
18	换差速器两侧油封	只	18	21	24		28		44

续表

序号	修理项目	单位	类型						
			微型	普通型	中级		中高级		高级
					前驱动	后驱动	前驱动	后驱动	
			夏利（TJ7100）	捷达（普通型）	奥迪100	大宇王子	帕萨特VR6	凌志LS400	奔驰560
19	换转向节	只				24		28	55
20	检修独立悬架		16	18	20	24	28	28	44
21	换前减震器防尘套减震块	只	20	22	24	28	32	32	48
22	换前减震弹簧	只	20	22	24	28	32	32	48
23	拆装后桥总成（非独立悬架）	台	12	14	30	30	32	34	60
24	拆装后桥总成（独立悬架）	台			30			34	
25	修后驱动桥差、减速器②	只			36			38	62
26	换后驱动桥主、被动齿轮	台			36			38	62
27	修全车制动	台	30	38	40	40	48	48	110
28	拆装仪表板总成	块	20	24	26	26	30	30	80
29	检修电动车窗	个		15	15	15	20	20	60
30	检修电动车顶电机	台					20	20	20
31	检修转向盘伸缩、倾斜电机	台					30	30	60
32	检修电动座椅位置控制系统	台					30	30	60
33	拆装后翼子板	块	30	36	40	40	50	50	120
34	散热器③	只	11	12	14	14	16	16	21
35	局部补漆④	<400cm^2	16	20	22	22	30	30	80
36	车门喷漆⑤	个	22	28	30	30	40	40	160
37	发动机盖喷漆	个	32	38	40	40	55	55	210
38	前翼子板喷漆	个	28	34	36	36	48	48	160

续表

序号	修理项目	单位	类型						
			微型	普通型	中级		中高级		高级
					前驱动	后驱动	前驱动	后驱动	
			夏利（TJ7100）	捷达（普通型）	奥迪100	大宇王子	帕萨特VR6	凌志LS400	奔驰560
39	行李厢盖喷漆	个	30	36	38	38	52	52	170

①此项目不含抬下、抬上变速器工时；
②此项目不含拆装后桥总成工时；
③此项目不含散热器拆装工时；
④此项目若为双色加6个工时；
⑤此项目若为双色加8个工时。

②估算客、货车小修工时定额时，可参考表4-2-6进行。

表4-2-6 客、货车小修工时定额参考表

序号	修理项目	工时/h 单位	车型								
			客车					载货车/t			
			微型	轻型		中型	大型	3.5及以下	4～6	7～12	13及以上
			客货	豪华进口	普通国产						
1	发动机抬下、抬上①	台	28	40	40	60	80	32	60	65	70
2	换气缸盖②	台	22	23	28	44	50	27	40	47	56
3	换飞轮齿圈	只	12	18	18	26	36	18	26	37	42
4	换曲轴③	根	14	24	24	34	40	24	34	40	120
5	换曲轴主轴承③	台	14	24	24	34	40	24	34	40	120
6	拆装转子喷油泵(VE)			12		11	12	10	11	12	12
7	检修分动器	台					16	16	18	22	26
8	拆装液力变矩器	台								30	40
9	检修液力变矩器	台								70	80
10	变速器解体清洗、装配、调试④	台	10	14	14	24	30	18	24	30	66
11	变速器抬下、抬上	台	8	10	10	20	30	10	22	30	42
12	换变速器同步器	套	8	11	11	21	26	11	21	26	36
13	换变速器中间轴或齿轮	根/只	8	11	11	21	26	11	21	26	36
14	拆装前桥总成	台		14	14	18	22	14	18	26	24

续表

序号	修理项目	工时/h 单位	车型								
			客车					载货车/t			
			微型	轻型		中型	大型	3.5及以下	4～6	7～12	13及以上
			客货	豪华进口	普通国产						
15	换转向节	只	14	14	14	16	20	14	16	20	30
16	换前轴(工字梁)	只	22	32	32	40	46	32	40	46	56
17	换右(左)独立悬架总成	只	14	14							
18	拆装后桥总成	台	12	22	20	30	45	18	24	42	80
19	后桥总成解体清洗、装配、调试		20	24	24	40	50	24	40	50	60
20	换后桥壳	台	25	32	32	46	62	30	48	58	68
21	拆装差速器、减速器总成	台	6	10	10	14	20	10	14	20	26
22	修全车制动		26	34	34	46	54	26	46	54	100
23	拆装驾驶室	台	20					30	40	50	50
24	拆装车身	台	80	200	100	200	240				
25	拆装仪表板总成	块	20	12	12	12	12	12	12	12	12
26	焊修散热器	个	11	12	11	12	13	11	12	14	14
27	拆装车架	台						150	200	260	300
28	拆装货箱	台	10					25	40	50	80
29	换车厢底板铁质蒙皮							50	60	70	70

①此项目中,若为中、大型客车后置发动机,应加20个工时;
②此项目中包括铰磨气门座圈;
③此项目不含抬发动机;
④此项目不含变速器的抬下、抬上。

(4)关于工时定额的几点说明。

①对于普通型及普通型以上的轿车、客车,凡有下列技术装置的,其大修工时应分别增加如下:

a.电控汽油喷射装置,加100个工时;

b.ABS防抱死装置,加85个工时;

c.自动变速装置,加100个工时;

d.安全气囊,加30个工时;

e.驱动防滑装置,加30个工时。

②双排座柴油车大修时，其工时定额加50个工时；纯进口客车的工时定额为同类型车工时定额的1.3倍。

③单一总成更换时，其工时费按小修拆装工时定额结算。大修过程中发现某一总成需更换时，其工时费按该总成大修工时定额30%结算。

④在同一总成件、基础件中，有两项及两项以上小修项目同时作业时，该总成件、基础件的拆装工时只许计算一次。如果总成小修项目多，其累计工时超过该总成大修工时定额时，按该总成大修工时定额结算。

⑤目前，工时定额标准由各省自行制定。不同省（自治区、直辖市）的维修企业，具体的工时定额可能会略有不同，估算汽车维修工时时，上述内容仅供参考。

3.汽车维修工时费计算举例

例：某维修企业欲对一辆CA1091汽车进行二级维护，附发动机及离合器大修作业。试预算所需的维修工时费（假定工时单价为7元）。

预算过程如下：

二级维护的总工时为72；

二级维护中，发动机部分的维护工时为15；

发动机附离合器的大修工时为416；

发动机抬下、抬上的工时为65。

故总工时为：72−15+416+65=538

总的维修工时费为：538×7=3766元

三、汽车维修费用计算举例

1.增值税小规模纳税人类型维修业户维修费用计算举例

例：某维修业户对一辆CA1091汽车进行二级维护，附发动机及离合器大修作业。若维修业户属于小规模纳税人，工时费为3766元，材料费及厂外加工费为2500元，企业管理费率为13%，税率为3%，价格调节基金（法定规费率）为0.5%，试计算该车的维修费用。

计算过程如下：

$$维修成本=3766+2500=6266元$$

$$维修费用=\frac{维修成本\times（1+企业管理费率）}{1-（税率+价格调节基金）}=\frac{6266\times（1+13\%）}{1-（3\%+0.5\%）}\approx 7337元$$

2.增值税一般纳税人类型维修业户维修费用计算举例

例：上例中，若维修业户属于一般纳税人，工时费为3766元，材料费及厂外加工费为2500元，企业管理费率为13%，税率为17%，价格调节基金（法定规费率）为0.5%，试计算该车的维修费用。

计算过程如下：

$$维修成本=3766+\frac{2500}{1+17\%}\approx 5903元$$

$$维修费用=\frac{维修成本\times（1+企业管理费率）}{1-价格调节基金}=\frac{5903\times（1+13\%）}{1-0.5\%}\approx 6704元$$

【任务检测】

一、选择题

1.一家洗车"4S"店是一般纳税人，聘请小李做汽车维修工，根据《中华人民共和国增值税暂行条例》规定：该汽车"4S"店的应税劳务的税率为(　　)。

A.6%　　B.8%　　C.12%　　D.17%

2. 汽车"4S"店是小规模纳税人，聘请小李做汽车维修工，根据《中华人民共和国增值税暂行条例》规定：该汽车"4S"店的应税劳务的税率为(　　)。

A.6%　　B.8%　　C.12%　　D.17%

3. 汽车维修成本的计算公式为(　　)。

A.汽车维修成本=(工时定额×工时单价)+材料费+厂外加工费

B.汽车维修成本= 工时定额×工时单价

C.汽车维修成本=(工时定额×工时单价)+材料费+厂内加工费

D.汽车维修成本=(工时定额×工时单价)+材料费

4.某普通型桑塔纳小轿车停驶待修，需进行维修换件恢复车辆技术状况，在下述维修费用中，一般来说，费用最高的是(　　)。

A.整车油漆　　B.更换离合器摩擦片

C.更换活塞环　　D.更换后制动蹄片

5.增值税一般纳税人类型维修企业的汽车维修成本中包括(　　)。

A.厂外加工费　　B.材料费　　C.企业管理费率

D.燃料费用　　E.工时定额

6.加装了"ABS"的普通轿车，其大修工时应增加(　　)。

A.100工时　　B.85工时　　C.30工时　　D.50工时

7.汽车总成大修的作业范围包括(　　)。

A.解体清洗　　B.分类检验　　C.换件、修复

D.装配、调试　　E.竣工验收

二、简答题

1.增值税一般纳税人类型维修企业的汽车维修成本主要由哪几部分组成？

2.某维修企业欲对一辆CA1091汽车进行二级维护，附发动机及离合器大修作业。试参考表格预算所需的维修工时费(假定工时单价为12元，维修工时查表4-2-1至表4-2-6)

【评价与反馈】

班级:__________ 姓名:__________ 指导教师:__________

序号	考核项目	分值	考核内容	配分	考核标准	得分
1	出勤、纪律	5分	出勤	2分	违规一次不得分	
			行为规范	3分	违规一次不得分	
2	安全、防护、环保	20分	着装	2分	违规一次不得分	
			个人防护	3分	违规一次不得分	
			"5S""EHS"	5分	违规一次不得分	
			设备使用安全	5分	违规一次不得分	
			操作安全	5分	违规一次不得分	
3	任务检测	20分	任务测验成绩	20分	测验成绩的20%计	
4	技能考核	35分	技能测验成绩	35分	测验成绩的35%计	
5	学习能力	10分	工单填写,工艺计划制订	4分	未做不得分	
			组内活动情况	5分	酌情扣分	
			资料查阅和收集	1分	未做不得分	
6	任务拓展	10分	知识拓展任务	2分	未做不得分	
			技能拓展任务	8分	未做不得分	
	总分	100分				

【教师评估】

序号	优点	存在问题	解决方案
教师签字:			

【学习后记】

项目五 二手车价格的评定与估算

任务一 重置成本法评估二手车价值

【任务目标】

目标类型	目标要求
知识目标	(1)能描述重置成本法的定义、特点 (2)能描述估测成新率的方法 (3)能阐述不同类型车辆的使用年限
技能目标	(1)能根据相应参数计算出综合调整系数 (2)能够对车辆进行功能性的估算 (3)能运用重置成本法估算二手车的价值
情感目标	养成注意观察、分析的习惯

【任务描述】

现有一辆国产紧凑型SUV车，系家庭用车，维护情况较好。车身颜色：灰色。车辆型号：SC7164AH。初次登记日期为2012年10月，该车里程表显示行驶里程为6万千米。该车配置：Bluecore发动机，采用了双顶置凸轮轴和进排气双连续可变气门正时技术，发动机最大功率为92 kW，峰值扭矩160 N·m，这款发动机的100 km综合油耗不超过7.2 L。该车经静态检查，技术状态较好，车身后右侧部有轻微蹭伤，前后保险杠有不同程度撞伤，全身车漆光泽欠佳。发动机舱内脏而不乱，驾驶室内清洁度一般，各项功能型设备及按钮工作正常，车辆外观状态较好。2014年1月，旧车评估机构接受车主委托欲对该车进行鉴定评估，目前市场新车报价为82900元左右，工作条件一般。我们应采用什么方法对该车进行评估？

【知识准备】

一、重置成本法的定义

重置成本法是指在车辆能够继续使用的前提下，从重新购置一辆全新状态的被评估车辆所需的全部成本中，减去累积应计损耗后，所求及的一个价值指标的方法。其计算公式为被评估车辆的评估值=重置成本-累积应计损耗。

上述公式也可以进一步表示为：

$$\text{被评估车辆的评估值}=\text{重置成本}-\text{有形损耗}\left.\begin{matrix}-\text{功能性损耗}\\-\text{经济性损耗}\end{matrix}\right\}\text{无形损耗}$$

从上述公式中可以看出，运用重置成本法估算车辆的评估值时，其准确性主要取决于评估师如何运用基本原理和实际操作，来决定车辆的重置成本和累积应计损耗。重置成本可分为复原重置成本和更新重置成本。在进行重置成本计算时，如果同时可以取得复原重置成本和更新重置成本，通常选用更新重置成本。因为使用了新工艺、新设计等，更新重置成本通常比复原重置成本更便宜。在市场经济条件下，没有一个理性的购买者会出高价而不出低价来购买相同功能的车辆。基于这样的认识，便宜是选择复原重置成本或更新重置成本作为估算重置成本的依据。考虑到使用了新工艺、新设计等，可以提高车辆的性能，减少成本耗用，故评估时一般选择更新重置成本。在对重置成本的判定和价值选择有了一定的依据之后，接下来便是累积损耗的问题。这里的"损耗"与会计所述的损耗在概念上是不同的。会计上所述的损耗，是依照会计惯例和准则来反映的折扣；由于汽车评估中所讨论的损耗是一种市场概念，既需要反映物理损耗，又需要反映功能和经济因素所造成的贬值，所以在进行汽车评估时，不能用会计账面上的价格作为评估的依据，需要进行重新判断和估算。

二、重置成本法的特点

1.使用情况

在二手车的实际评估业务中，一般多采用重置成本法来计算二手车的评估值。这是因为：首先，重置成本的信息资料容易取得。其次，重置成本法充分考虑了车辆的损耗，评估结果更趋于公平合理，且操作相对较简单易行，评估理论贴近二手车的实际。应当说明的是，要使评估价值与二手车客观存在的价值完全一致，是很难做到的。评估人员的目标或任务应该是努力缩小这两个量之间的差距。

2.局限性

重置成本法虽然考虑了通货膨胀等经济性贬值的因素、技术进步引起的功能性贬值的因素及实体性贬值的因素，但该方法还是不能较全面地反映资产（车辆）经济性贬值，有的经济性贬值很难估算，如环境政策、心理状态、消费习惯等引起的贬值。此外，如果存在经济性贬值，重置成本法严格来说不可以作为一种独立的方法来使用，必须结合其他评估方法来进行评估，如和收益现值法一起应用。因为按重置成本法得到的二手车价值，低于按折现现金流量计算的二手车价值，这两者之间的差额即为二手车的经济性贬值。若结合其他评估方法来进行评估，就会使评估工作比较复杂，工作效率很低，实施起来较困难，不太现实。所以，虽然重置成本法在实际评估工作中被广泛应用，但还应从理论上认识清楚，掌握其本质，做到心中有数。

此外，在估算贬值和重置成本（更新重置成本）时，还会有主观上的误差。如果遇有被评估车辆已在市场上消失，取而代之的是更先进的换代新车型，而这种新车型与原有老车型相比，在功能和性能上也会有很大升级。此时两者的差异需要非常专业的分析，准确地确定其价值方面的影响是非常困难的，往往要靠评估人员的经验来判断，而由此产生的误差就比较大。另外，贬值的估算有时受主观因素的影响。上述这些方面会直接影响评估结果的准确性。

二、成新率的确定

成新率是反映二手车新旧程度的指标。二手车成新率是表示二手车的功能或使用价值占全新机动车的功能或使用价值的比率，也可以理解为二手车的现实状态与机动车全新状态的比率。

机动车的有形损耗率与机动车的成新率的关系是

成新率=1-有形损耗率　或　有形损耗率=1-成新率

估测车辆的成新率或有形损耗率，通常采用以下几种方法。

1.使用年限法

该方法假设：车辆在整个使用寿命期间，有形损耗与时间呈线性递增关系。使用年限法的公式表示为

$$成新率=(1-\frac{车辆已使用年限}{车辆总使用年限})\times100\%$$

从上述公式可知，运用使用年限法估算车辆的成新率，必须首先确定以下几个参数：车辆总使用年限、车辆已使用年限。

（1）车辆总使用年限。车辆总使用年限也就是车辆的使用寿命。对于正常使用的车辆，当采用使用年限法估算其成新率或有形损耗率时，应以车辆的规定使用期限作为其总使用年限。2013年5月1日施行新规定《机动车强制报废标准规定》。中国机动车相关报废标准始于1997年7月15日发布的《汽车报废标准》，其中对于私家车的强制报废标准为期限10年，行驶10万千米。之后，随着我国汽车工业的迅速发展，车辆技术水平的提升，这一限制显得过于苛刻。在2000年的《汽车报废标准规定》中，虽然私家车仍有年限限制，但是可通过年检将标准延长为15年。2006年，商务部就《机动车强制报废标准规定》征求意见，其中首次取消了小、微型非营运载客汽车使用年限限制，被认为是最为重要的变化。

各类机动车使用年限分别如下：

第一，小、微型出租客运汽车使用8年，中型出租客运汽车使用10年，大型出租客运汽车使用12年；

第二，租赁载客汽车使用15年；

第三，小型教练载客汽车使用10年，中型教练载客汽车使用12年，大型教练载客汽车使用15年；

第四，公交客运汽车使用13年；

第五，其他小、微型营运载客汽车使用10年，大、中型营运载客汽车使用15年；

第六，专用校车使用15年；

第七，大、中型非营运载客汽车（大型轿车除外）使用20年；

第八，三轮汽车、装用单缸发动机的低速货车使用9年，其他载货汽车（包括半挂牵引车和全挂牵引车）使用15年；

第九，有载货功能的专项作业车使用15年，无载货功能的专项作业车使用30年；

第十，全挂车、危险品运输半挂车使用10年，集装箱半挂车20年，其他半挂车使用15年；

第十一，正三轮摩托车使用12年，其他摩托车使用13年。

小、微型非营运载客汽车、大型非营运轿车、轮式专用机械车无使用年限限制。为方便计算,在做计算题时按15年计算。

此外,当车辆技术符合以下情况之一时,均应提前予以报废:

①燃料消耗高于原厂规定15%的。

②微型载货汽车(含越野型)、矿山作业专用车累计行驶30万千米,重、中、轻型载货汽车累计行驶40万千米,特大、大、中、轻、微型载货汽车(含越野)、轿车累计行驶50万千米,其他累计行驶45万千米。

③车型淘汰,无配件来源的。

④经修理或调整后,仍达不到GB 7258—2017《机动车运行安全技术条件》要求的。

⑤经修理和调整或采用排污控制技术后,排放污染物仍超过国家规定的汽车排放标准的。

⑥因各种原因造成车辆严重损坏或技术状况低劣,无法修复的。

对于已经三次大修或一次大修费用达车辆原值的二分之一的车辆,通常也应予以提前报废。

(2)车辆的已使用年限。车辆的已使用年限是指车辆从开始使用到评估基准日经历的时间。这种计量的前提条件是车辆正常使用条件和正常使用强度。在实际评估中,运用已使用年限指标时,应特别注意车辆的实际使用情况,而不是简单的日历天数。例如,对于某些以双班制运行的车辆,其实际使用时间为正常使用时间的两倍,因此该车辆的已使用年限应是车辆从开始使用到评估基准日所经历时间的两倍。

采用使用年限法估算车辆的成新率或有形损耗率时应注意,车辆的已使用年限与会计折旧中的已计损折旧年限不同,车辆的规定的使用年限也不是车辆的会计折旧年限。车辆的会计折旧年限是对车辆做出的会计处理的统一标准,是一种高度集中的理论系数和常数,对于同一类车辆具有普遍性、同一性和法定性,但不具有实际磨损意义的个别性或特殊性。车辆的折旧年限是一个平均年限,对于同一类车辆中的每辆车均适用。车辆的折旧年限是在考虑损耗的同时,又考虑社会、技术、经济、政策和生产力发展水平,有时甚至以之为经济杠杆,体现对某类车辆的鼓励和限制生产政策。车辆的折旧年限是以同类车辆中所有车辆的运转条件均相同的假设条件为前提的。这种情况下,同类型的车辆,无论其所处的环境条件、维护情况、运行状况如何,均适用同一年限。因此,在汽车评估中,评估人员不能直接按照会计中的折旧年限来取代使用年限。

使用年限法方法简单、易操作,一般用于车辆成新率的粗估或价值不高的车辆的评估中。

2.部件鉴定法

部件鉴定法是对车辆进行评估时,按车辆各组成部分对整车的重要性和价值量的大小来加权评分,最后确定成新率的一种方法。其基本步骤为:

(1)将车辆分为若干个主要部分,根据各部分建造成本占车辆建造成本的比重,按一定百分比确定权重。

(2)以全新车辆各部分的功能为标准,若某部分功能与全新车辆对应部分的功能相同,则该部分的成新率为100%;若某部分的功能完全丧失,则该部分的成新率为0。

(3)根据若干部分的技术状况给出各部分的成新率,分别与各部分的权重相乘,即得某部分的加权成新率。

(4)将各部分的加权成新率相加,即得到被评估车辆的成新率。

表5-1-1所示为车辆各部分的价值权重参考表。由于在不同种类、档次的车辆上,各组成部分对整车的重要性及其价值占整车的比重各不相同,有些类型车辆之间相差还很大。因此表5-1-1只能供评估人员参考,不可作为唯一标准。在实际评估时,应根据车辆各部分价值量占整车价值的比重,调整各部分的权重。

表5-1-1　车辆各部分价值权重参考表

总成部件＼权重类别	轿车(%)	客车(%)	货车(%)
发动机及离合器总成	25	28	25
变速器及传动轴总成	12	10	15
前桥、转向器及前悬架总成	9	10	15
后桥及后悬架总成	9	10	15
制动装置	6	5	5
车架装置	0	5	6
车身装置	28	22	9
电器及仪表装置	7	6	5
轮胎	4	4	5

部件鉴定法费时费力,车辆各组成部分权重难以掌握,但评估值更接近客观实际,可信度高。它既考虑了车辆的有形损耗,也考虑了车辆由于维修或更换零件等追加投资使车辆价值发生的变化,这种方法一般用于价值较高的车辆的价格评估。

3.整车观测法

整车观测法是通过评估人员的现场观察和技术检测,对被评估车辆的技术状况进行鉴定、分级,以确定车辆成新率的一种方法。运用整车观测法应观察、检测或收集的技术指标主要包括:车辆的现时技术状态,车辆的使用时间及行驶里程,车辆的主要故障经历及大修情况,车辆的外观和完整性等。

运用整车观测法估算车辆的成新率时,还必须确定划分不同档次成新率的标准,并规定不同档次的技术标准。表5-1-2所示的是一般车辆成新率判定标准的经验数据,只能供评估人员参考,不可作为唯一标准。运用整车观测法估测车辆的成新率,要求评估人员必须具有一定的专业水平和足够的评估经验。这是运用整车观测法正确判断车辆成新率的基本前提。

表5-1-2　车辆成新率评估参考表

车况等级	新旧情况	有形损耗率(%)	技术状况参考说明	成新率(%)
1	使用不久的车辆	0～10	使用不久，行驶里程在3万～5万千米。在用状态良好，能按设计要求正常使用，无异常现象	100～90
2	较新车辆	11～35	已使用一年以上，行驶里程在15万千米左右。在用状态良好，能满足设计要求，未出现过较大故障，可随时出车使用	89～65
3	半新车辆	36～60	已使用4～5年，发动机或整车经过一次大修。在用状态较好，基本上能达到设计要求，外观中度受损，需经常维修以保证正常使用	64～40
4	旧车辆	61～85	已使用5～8年，发动机或整车经过两次大修。在用状态一般，性能明显下降，外观油漆脱落，金属件明显锈蚀，使用中故障较多，经维修后仍能满足工作要求，车辆符合《机动车安全技术条件》	39～15
5	待报废处理车辆	86～100	已达到规定使用年限或性能严重劣化，目前已不能正常使用或停用，即将报废待更新	15以下

整车观测法的判断结果没有部件鉴定法准确，一般用于中、低价格车辆成新率的初步估算，或作为利用综合分析法确定车辆成新率的参考依据。

四、综合调整系数的确定

综合分析法是以使用年限法为基础，综合考虑车辆的实际技术状况、维护保养情况、原车制造质量、工作条件及工作性质等因素的影响，以系数调整后确定成新率的一种方法。其计算公式为：

$$成新率=(1-\frac{车辆已使用年限}{车辆总使用年限})\times综合调整系数\times100\%$$

在上述公式中，车辆的已使用年限和车辆的总使用年限，确定方法与使用年限法中所述的方法相同。综合调整系数可参考表5-1-3中所推荐的数据，用加权平均法确定。

表5-1-3　车辆综合调整系数表

影响因素	因素分级	调整系数	权重(%)
技术状况	好	1.2	30
	较好	1.1	
	一般	1	
	较差	0.9	
	差	0.8	

续表

影响因素	因素分级	调整系数	权重(%)
维护情况	好	1.1	25
	一般	1	
	较差	0.9	
制造质量	进口	1.1	20
	国产名牌	1	
	国产非名牌	0.9	
工作性质	私用	1.2	15
	公务、商务	1	
	营运	0.7	
工作条件	较好	1	10
	一般	0.9	
	较差	0.8	

表5-1-3中的工作条件包括道路条件和自然环境条件。道路条件可分为好路、中路和差路三类。好路是指国家道路等级中的高速公路和一、二、三级道路，好路率在50%以上；中路是指国家道路等级中的四级道路，好路率在30%~50%之间；差路是指国家等级以外的道路。自然环境条件主要应考虑车辆是否常年在寒冷、炎热、风沙、高原及沿海等恶劣的条件下工作。根据车辆的实际工作条件，确定相应的调整系数。车辆长期在差路或恶劣的环境条件下工作，系数一般取0.8；否则，系数一般取0.9或1。综合分析法较复杂、费事、费力，但它充分地考虑了影响车辆价值的各种因素，评估结果的准确度较高，适合对中等价值的车辆的评估。

下面举例说明如何选择合适的方法确定车辆的成新率。

例：某单位欲出售一辆已使用了6年零6个月的桑塔纳。该轿车为公务用车，常年工作在市区或郊区，工作条件较好。由于维护、保养较差，车身上有数处油漆脱落；发动机提速反应慢，动力性较差；转向时内侧单边转向不足；制动时稍向右跑偏。其他情况均与车辆新旧程度基本相符。试估算该车的成新率。

（1）对车辆进行技术鉴定。根据调查及车辆的外观检查可知，该车曾经过一次大修。目前车辆的加速性能不良，转向和制动装置的工作情况较差，但经维修和调整后可基本恢复正常。经发动机功率检测，发现发动机功率比原设计功率下降15%左右。其他车况与车辆的新旧程度基本相符。总体来看，车辆的技术状况较差。

（2）利用整车观测法，粗略估算车辆的成新率，该车属中档车。利用整车观测法，根据车辆的现时技术状态、使用时间、大修情况、外观情况等，可大致确定该车的成新率在30%左右。

（3）利用综合分析法，进一步确定车辆的成新率。轿车的使用年限为15年，折合为180

个月。从初次登记日起，到评估基准日止，该车的已使用年限为6年零6个月，折合为78个月。经过对车辆的技术鉴定和全面了解，各种影响等调整系数可取值为：

①技术状况较差，系数取为0.9。

②维护情况较差，系数取为0.9。

③桑塔纳轿车属国产名牌车，制造质量系数为1。

④工作性质属公务用车，系数取为1。

⑤工作条件较好，系数取为1。

采用加权平均法估算综合调整系数，其值为：

$$0.9\times30\%+0.9\times25\%+1\times20\%+1\times15\%+1\times10\% =0.945$$

以此综合调整系数确定车辆的成新率，其值为：

$$(1-\frac{78}{180})\times0.945\times100\%=53.6\%$$

五、车辆功能性损耗的估算

由于技术的发展，不仅购置全新车辆比车辆的复原重置成本便宜，而且新车的性能更高，营运费用更低。因此，原有车辆将出现功能性损耗（贬值）。车辆功能性损耗的具体表现形式有两种：一种是由超额投资成本所致的功能性损耗，也称为一次性功能贬值；另一种是由超额营运成本所致的功能性损耗，也称为营运性功能贬值。

1. 由超额投资成本所致的功能性损耗

从理论上讲，车辆的超额投资成本是指该车辆的复原重置成本与其更新重置成本的差额，即

车辆超额投资成本=车辆复原重置成本－车辆更新重置成本

在实际评估中，车辆的复原重置成本往往难以直接获得。从以上公式可知，车辆的重置成本若直接使用车辆的更新重置成本，其实已经将被评估车辆中所包含的超额投资成本部分剔除掉了，因而不必再去刻意寻求车辆的复原重置成本，再减去车辆的更新重置成本，以得到车辆的超额投资成本。

在实际评估中还可能遇到这样的情况，即待评估的车辆是已停产或自然淘汰的车型。这样就没有实际的市场价，评估时只能参照其替代型号车辆的价格来类比估算。这些替代型号车辆的性能通常比原车型有所改进，其价格通常比被评估车辆高。在这种情形下，不应机械地搬用超额投资成本的计算公式来估测车辆的超额投资成本，而应根据参照物的价格，采用类比法估测车辆的超额投资成本。例如，某单位欲出售一载货汽车，由于该汽车属于淘汰产品，无法取得其更新重置成本。根据市场调查询价得知，与该汽车类似的新款载货汽车更新重置成本为4.5万。新款汽车的外观比被评估汽车新颖、大方，各种性能也比被评估汽车有所改善。综合考虑各种因素的影响，取调整系数为0.9，即被评估车辆的更新重置成本应取为4.05万元。

2. 由超额运营成本所致的功能性损耗

估算超额运营成本引起的功能性损耗时，可按照以下步骤进行：

（1）选择参照物，并将被评估车辆的年营运成本与参照物的年营运成本进行比较，计算两者之间的差额（即年超额营运成本额）。

(2)估测被评估车辆的剩余寿命。

(3)按相应的所得税率计算被评估车辆因超额营运成本而抵减的所得税额,从而得到被评估车辆的年超额营运成本净额。

(4)确定折现率,将被评估车辆在剩余使用年限中的每年超额营运成本净额(超额营运成本扣除所得税因素)折现累加,从而求得被评估车辆的功能性损耗。

下面试举一例,说明对由超额营运成本所引起的功能性损耗是如何进行计算的。

例:某一被评估车辆甲,其出厂时的燃料经济性指标为每100 km耗油量为28 L,平均每年维修费用为3万元。以目前新出厂的同型车辆乙为参照物,该车出厂时燃料经济性指标为每100 km耗油量23 L,平均每年维修费用为2.5万元。如果甲、乙两车在营运成本的其他支出项目方面大致相同,被评估车辆尚可使用5年,每年平均出车日为300天,每日营运150 km,所得税率为33%,适用的折现率为10%,试估算被评估车辆的营运性功能损耗(燃油价格取为每升7.6元)。

根据上述资料,对被评估车辆的功能性损耗估算如下。

(1)被评估车辆每年油费的超额费用为:

$$(28-23)\times 7.6\times \frac{150}{100}\times 300=17100\text{元}$$

(2)被评估车辆每年维修的超额费用为:

$$30000-25000=5000\text{元}$$

(3)被评估车辆的年超额营运成本为:

$$17100+5000=22100\text{元}$$

(4)被评估车辆的年超额营运成本的净额为:

$$22100\times(1-33\%)=14807\text{元}$$

(5)将被评估车辆在剩余使用年限的年超额营运成本净额折现累加,估算其功能性损耗为:

$$14807\times(P/A,10\%,5)=14807\times 3.7908\approx 56130\text{元}$$

上式中,$(P/A,10\%,5)$为10%折现率5年的折现系数,可由查表取得,其值为3.7908。

六、车辆经济性损耗的估算

汽车评估中所涉及的经济性损耗(贬值)也是无形损耗的一种,是由车辆以外的各种因素所造成的损耗(贬值)。这样的例子可以举出很多,如由于汽车排放标准要求的提高,同一车辆的排放水平在过去可能被认为是可以接受的,但现在无法满足现行排放标准的要求。这一标准对车辆的所有者来讲就是制约,除非达到规定的要求,否则汽车将无法继续使用。因此,对于车辆所有者而言,不管是采取措施力求达到标准,还是使车辆被迫停用,都需花费成本,这一成本从评估的角度上看便是经济性损耗。诸如此类,概括地讲,外部因素不论多少,对车辆价值的影响无外乎表现为要么是造成营运成本上升,要么是导致车辆闲置。

对于营运性车辆来讲,通常采用以下两种方式计量其经济性损耗:一种是利用车辆年收益损失额折现累加计算,另一种是通过车辆利用率的变化来估算。

1.利用年收益损失额折现累加计算

如果由于外界因素变化,导致车辆营运收益的减少额或投入成本的增加额,能够估算出来，可直接按车辆继续使用期间每年的收益损失额折现累加，以求得车辆的经济性损耗。用数学式表示为：

车辆的经济性损耗=车辆年收益损失额×(1−所得税率)×$(P/A,i,n)$

上式中，$(P/A,i,n)$——车辆的年金现值系数。

使用上述公式应注意，年收益损失额只能根据外界因素来计量，不能把因技术落后等自身因素所造成的收益损失额归入此类。

例：某人欲出售一辆已使用5年的出租车。由于国家行业政策及检测标准的变化，目前每年较过去平均需增加投入成本3000元，方能满足有关规定的要求。试估算该出租车的经济性损耗。

根据国家规定，出租车的使用年限为8年。从购车登记日起，至该车的评估基准日止，该车已使用年限为5年。该车的剩余使用年限为3年。

取所得税率33%，适用的折现率为10%，则车辆的经济性损耗为：

$$3000\times(1-33\%)\times(P/A,10\%,3)=3000\times67\%\times2.4869\approx4999\text{元}$$

在上式中，$(P/A,10\%,3)$为10%折现率3年的折现系数，可查表取得，其值为2.4869。

2.通过车辆利用率的变化估算经济性损耗

如果由于外部因素的影响，导致车辆的利用率下降，可以按照以下公式估算车辆的经济性损耗率。

$$\text{车辆经济性损耗率}=\left[1-\left(\frac{\text{车辆的实际工作量}}{\text{车辆的正常工作量}}\right)^{x}\right]\times100\%$$

在上式中，x为规模效益指数$(0<x<1)$。其调整计算结果，说明车辆的运输量与投入成本之间并非呈线性关系。当车辆的运输量降至正常运输量的一半时，其投入成本却不会也降至正常投入成本的一半。x取值一般在0.6～0.7之间。

在确定了车辆的经济性损耗率后，可按照以下公式计算车辆的经济性损耗。

车辆的经济性损耗=(重置成本−有形损耗−功能性损耗)×经济性损耗率

例：由于某行业企业生产普遍不景气，工作量不足，某专用汽车的利用率仅为正常工作量的70%。而且在该汽车的剩余使用年限内，这种情况也不会有所改变。经评估，该汽车的重置成本为35万元，成新率为65%，功能性损耗可忽略不计。试估算该车的经济性损耗。

具体估算过程如下：

(1)计算车辆的经济性损耗率

车辆的经济性损耗率=$(1-0.7^{x})\times100\%$　取$x=0.7$，则：

车辆的经济性损耗率=$(1-0.7^{0.7})\times100\%\approx22\%$

(2)车辆扣除有形损耗和功能性损耗后的价值为：

$$350000\times65\%=227500\text{元}$$

(3)车辆的经济性损耗为：

$$227500\times22\%=50050\text{元}$$

七、重置成本法评估应用举例

下面列举一例，以说明利用重置成本法估算车辆价格的具体过程。

例：某公司欲出售一辆进口高档轿车。根据调查，目前全新的此款车的售价为35万元。至评估基准日止，该车已使用了2年零6个月，累计行驶里程65000 km。经现场勘查，该车车身有两处擦伤痕迹。后悬架局部存在故障，前排座椅电动装置工作不良，一侧电动车窗不能正常工作，发电机工作不正常，其他车况均与车辆新旧程度相符。试评估该车的价格。

（1）根据调查、比较，该车的重置成本为35万元，功能性损耗、经济性损耗均很小，可忽略不计。

（2）由于被评估车辆的价值较高，故决定采用部件鉴定法确定其成新率。

根据被评估车辆上各主要部分的价值及重要性占整车价值及重要性的比重，按百分比确定各部分的权重，见表5-1-4。

表5-1-4　车辆各部分权重表

总成部件	发动机及其控制系统	变速驱动桥及其控制系统	悬架与车桥	制动及转向系统	车身及其附属装置	电器及仪表装置	轮胎
权重(%)	30	15	12	12	25	4	2

（3）对车辆进行技术鉴定，确定车辆各部分的成新率及整车的成新率，见表5-1-5。

表5-1-5　车辆成新率估算明细表

总成部件	权重(%)	成新率(%)	加权成新率(%)
发动机及其控制系统	30	80	24
变速驱动桥及其控制系统	15	80	12
悬架与车桥	12	65	7.8
制动及转向系统	12	80	9.6
车身及其附属装置	25	70	17.5
电器及仪表装置	4	70	2.8
轮胎	2	80	1.6
合计	100		75.3

（4）计算车辆的评估值。

车辆的评估值=350000×75.3%=263550元

【任务检测】

一、名词解释

重置成本法

二、选择题

1.一辆二手车的重置成本价是指(　　)。

A.二手车的售卖价格　　B.二手车的收购价格

C.现行公开市场上的新车价格　　D.二手车的拍卖价格

2.一辆3年前的奥迪A6二手车的更新重置成本价是指(　　)。

A.奥迪A6二手车的售卖价格

B.奥迪A6二手车的收购价格

C.现行市场上新款奥迪A6的新车价格

D.现行市场上3年前的老款奥迪A6的新车价格

3.张某前年买了一辆进口高档车,今年准备将该车卖掉换新车,由于是前年的进口高档车,现在已查询不到该车的现时市场价格,宜采用(　　)对该车进行评估。

A.现行市价法　　B.清算价格法

C.收益现值法　　D.指数调整法

4.一辆矿业专用车,已使用4年,用使用年限法计算,该车的成新率为(　　)。

A.38%　　B.40%　　C.50%　　D.38.5%

5.微型载货汽车累计行驶达到(　　)。

A.35万千米应当报废　　B.30万千米应当报废

C.40万千米应当报废　　D.45万千米应当报废

6.中型客车累计行驶达到(　　)。

A.35万千米报废　　B.40万千米报废

C.45万千米报废　　D.50万千米报废

7.北京一辆富康出租车,其报废年限为(　　)。

A.12年　　B.8年　　C.15年　　D.10年

8.中型货车累计行驶达到(　　)。

A.35万千米报废　　B.40万千米报废

C.45万千米报废　　D.50万千米报废

9.某评估公司用部件鉴定法对一辆货车进行估价,其中变速器及传动轴总成的权重占(　　)。

A.25%　　B.15%　　C.9%　　D.6%

10.用综合分析法来确定成新率时,综合调整系数取值应考虑如下影响因素(　　)。

A.技术状况　　B.维护情况　　C.工作条件

D.工作性质　　E.制造质量

11.某评估公司用部件鉴定法对一辆轿车进行估价，其中变速器及传动轴总成的权重占(　　)。

A.25%　　B.12%　　C.9%　　D.6%

12.某单位公务用车，常年工作在市区或市郊，用综合分析法确定该车的成新率，则按工作条件调整系数可取(　　)。

A.0.7　　B.0.8　　C.0.9　　D.1

13.估测车辆的有形损耗率，通常采用(　　)。

A.使用年限法　　B.指数调整法　　C.部件鉴定法

D.整车观测法　　E.综合分析法

14.运用整车观测法估算一辆已使用3年，行驶里程15万千米左右，在用状态良好，未出现过较大故障的私家轿车，该车的成新率为(　　)。

A.15%~39%　　B.40%~64%　　C.65%~89%　　D.90%~100%

15.电喷车出来后，使得化油器车发生贬值，这种贬值属于(　　)。

A.功能性贬值　　B.经济性贬值

C.实体性贬值　　D.各种贬值都有

16.车辆使用一段时间后闲置库场半年多，使得车身钣金件有所锈蚀，橡胶老化，从而导致的价值损耗为(　　)。

A.功能性贬值　　B.经济性贬值

C.实体性贬值　　D.各种贬值都有

17.某一品牌车型，其复原重置成本是12.6万元，而更新重置成本为10.8万元，那么该车型的一次性功能性贬值为(　　)。

A.1.8万元　　B.2.0万元　　C.2.5万元　　D.3万元

18.北京市规定排量在1.0 L以下的出租车，规定使用年限由原来的8年减少至6年，从而引起车辆的贬值，这种贬值属于(　　)。

A.一次性功能贬值　　B.营运性功能贬值

C.经济性贬值　　D.实体性贬值

19.在二手车市场上，由于车辆颜色不受欢迎，使车辆的评估值降低，这种贬值是(　　)。

A.经济性贬值　　B.实体性贬值

C.一次性功能贬值　　D.营运性功能贬值

20.由于行业不景气，工作量不足，某专用车的利用率仅为正常工作量的70%。而且在该汽车的剩余使用年限内，这种情况也不会有所改变。经评估，该汽车的重置成本为35万元，成新率为65%，功能性损耗可忽略不计(效益规模指数取0.7)。则该车辆的经济性损耗率大约为(　　)。

A.22%　　B.25%　　C.30%　　D.35%

21.某款矿用作业车，现在市场上新车的价格是20万元，该车已使用了2年，用使用年限法评估，车价大约为(　　)。

A.8万元　　B.13万元　　C.15万元　　D.18万元

三、判断题，先判断后改错

1.更新重置成本是指按照与被评估车辆的材料、制造标准、设计结构等相同的条件，以现时价格购置相同的全新车辆所需的全部成本。 （ ）

2.复原重置成本是指利用新材料、新设计、新技术标准等，以现时价格购置相同或相似功能的全新车辆所支付的全部成本。 （ ）

3.实际评估时，对于重置成本很高的车辆，最好采用使用年限法求成新率。 （ ）

4.实际评估时，对于重置成本不高的车辆，最好采用使用年限法求成新率。 （ ）

5.凡是经过大修的车辆，无疑是增加了车辆的使用寿命，对成新率的估算值应当增加。 （ ）

6.成新率等于1减去无形损耗率。 （ ）

7.我国政府有关部门颁布的《汽车报废标准》的两个规定指标是：汽车累计行驶的总里程数、汽车规定的使用年限。汽车只达到累计行驶的总里程数可以不做报废处理。 （ ）

8.二手车的功能性贬值是由于有形损耗，而最终导致车辆价值贬值。 （ ）

四、填空题

1.在汽车评估实践中，重置全价的估算方法应根据被评估车辆的具体情况加以选择。常用的方法主要有重置核算法、__________和__________法。

2.估测车辆的成新率，通常采用__________、__________、使用年限法及综合分析法。

五、分析计算题

1.一辆捷达出租车，初次登记日为2000年4月，2005年10月欲将此出租车对外转让。现已知该款全新捷达车的市场销售价为7.8万元，该车常年工作在市区或市郊，工作强度高，但工作条件较好。经检查，维护保养较差，且整车技术状况一般。考虑车辆购置税为10%，其他税费不计。试用综合分析法求成新率并评估该车的价值。

2.某单位欲出售一辆已使用了6年零6个月的桑塔纳轿车。该轿车为公务用车，常年工作在市区或市郊，工作条件较好。由于维护、保养较差，车身上有数处油漆脱落；发动机提速反应慢，动力性较差；转向时内侧单边转向不足；制动时稍向右跑偏。其他情况均与车辆新旧程度基本相符。该款新车类似配置的最低包牌价为6万元，试用综合分析法评估该车的价格。

3.2007年11月20日一位私企老板委托二手车评估公司对其使用的轿车进行鉴定评估，给出交易参考价，以下是检查鉴定结果：

①车辆概况：品牌，别克凯越；型号，SGM7161LE自动豪华型；外观颜色，黑色；生产厂家，上海通用汽车有限公司；发动机型号，F16D3，16气门、直列四缸、全铝发动机，配有电子节气门和EGR系统。

②使用情况鉴定：该车是个人使用的市内代步车，检查保养记录确认里程表显示读数与车况相匹配，该车处于质保期内。

③手续检查：车辆登记证书、行驶证及购置证齐全有效，初次登记日期为该车生产的同年5月，机动车行驶年检有效期至2008年5月，养路费、车船使用税和保险缴至2007年12月31日。

④静态检查：该车 VIN，LSGSJ52U76S320548 完整无损，累计行驶里程 10386 km，经检查发现该车外观漆面无损伤及凹凸现象；车内饰保养较好，自动挡变速器，发动机舱管路整齐干净无油污、无泄漏，原装电气线路无破损；车体边缘及地粘垫下面的金属无锈蚀现象。上举升机检查：车架及前后桥无变形、断裂、锈蚀现象；悬架弹簧无裂纹、断片和缺片现象；转向节臂、转向横拉杆及球销连接牢固，无裂纹及损伤；传动轴、万向节无裂纹、松旷现象；底盘无严重刮伤，各种管路无破损、渗漏现象。

⑤动态检查：发动机冷车起动迅速，怠速平稳，转向平稳灵活。空调、仪表及电器设备运转正常。

⑥综合检测确定该车未发生过重大事故，车辆保养和现时技术状况好；经上网检查，截至评估基准日该车无未处理的违法行为记录。

请根据以上信息回答以下问题：

a.VIN 码由哪几部分组成？本例中各部分分别包含哪些字母或数字？

b.本例 VIN 码中 LSG 的具体含义是什么？该车是哪一年生产的？出厂编号是多少？

c.写出该车的初次登记时间和评估基准日，规定使用年限和规定行驶里程。

d.计算该车已使用年限、剩余使用年限和剩余行驶里程。

e.按使用年限法计算该车的成新率。

f.如果该车型的重置成本价为 10.5 万元，综合调整系数为 0.925，请应用重置成本法为该车估价。

【评价与反馈】

班级：____________ 姓名：____________ 指导教师：____________

序号	考核项目	分值	考核内容	配分	考核标准	得分
1	出勤、纪律	5分	出勤	2分	违规一次不得分	
			行为规范	3分	违规一次不得分	
2	安全、防护、环保	20分	着装	2分	违规一次不得分	
			个人防护	3分	违规一次不得分	
			"5S""EHS"	5分	违规一次不得分	
			设备使用安全	5分	违规一次不得分	
			操作安全	5分	违规一次不得分	
3	任务检测	20分	任务测验成绩	20分	测验成绩的20%计	
4	技能考核	35分	技能测验成绩	35分	测验成绩的35%计	
5	学习能力	10分	工单填写，工艺计划制订	4分	未做不得分	
			组内活动情况	5分	酌情扣分	
			资料查阅和收集	1分	未做不得分	
6	任务拓展	10分	知识拓展任务	2分	未做不得分	
			技能拓展任务	8分	未做不得分	
	总分	100分				

【教师评估】

序号	优点	存在问题	解决方案
教师签字：			

【学习后记】

任务二　收益现值法评估二手车价值

【任务目标】

目标类型	目标要求
知识目标	(1)能描述收益现值法的定义及特点 (2)能描述企业预期收益的计量指标 (3)能阐述折现率的定义
技能目标	(1)掌握车辆剩余使用寿命的计算方式 (2)能够采用收益现值法对车辆进行评估
情感目标	养成细心计算的习惯

【任务描述】

某单位欲购置一辆轻型客车作载客营运使用。该车已使用了3年,行驶了13万千米,目前车况正常。根据调查,此类车运营时的收入及支出数据情况如下:全年可工作300天,每天平均收入400元,平均每天油耗50元,此车年维修费平均支出20000元,车辆的各种规费、杂费及人员劳务费等年平均支出40000元,车辆的年折旧费为6000元,预计资金的年收益率为5%,风险率为5%,按应缴纳税费30%计算,用收益现值法估算该车的价值。

【知识准备】

一、收益现值法的定义

收益现值法是将被评估的车辆在剩余寿命期内的预期收益用适当的折现率折现为评估基准日的现值,并以此确定评估价格的一种方法。二手车的价格评估一般很少采用收益现值法,但对一些特定目的、有特许经营权的二手车,人们购买的目的往往不是在于车辆本身,而是车辆获利的能力。因此,对于营运车辆的评估采用收益现值法比较合适。

二、收益现值法的基本原理

收益现值法是基于这样的假设,即人们之所以购买某车辆,主要是考虑这辆车能为自己带来一定的收益。采用收益现值法对二手车进行评估所确定的价值,是指为获得该二手车以取得预期收益的权利所支付的货币总额,它以车辆投入使用后的连续获利为基础。如果某车辆的预期收益小,车辆的价格就不可能高,反之车辆的价格肯定高。

收益现值法评估值的计算,实际上就是对被评估车辆未来预期收益进行折现的过程。所谓折现,就是将未来的收益,按照一定的折现率,折算到评估基准日的现值。这里就引出了收益现值法中的一个重要概念,那就是资金的时间价值。资金的时间价值是指资金作为资本的形态,在扩大再生产及其周转过程中,随着时间的增长而产生的增值,其具体形态就是利息或利润。由于资金具有时间价值，一定数额的收益发生在不同的时间，具有不同的价值。所以，收益必须与时间结合起来才能真正反映出资产的价值。

使用收益现值法评估出的二手车价值是指评估基准日这一时点的价值，但收益是在未来某个时间发生的，故需要对未来不同时间产生的收益或者是支出的费用进行时间价值的计算，即将未来的收益和支出的费用换算到评估基准日这一时间点的价值，这就是所谓的等值计算。将未来收益进行时间价值的计算，并换算成评估基准日这一时间点的价值过程称为折现，所使用的换算比率就称为折现率。

三、收益现值法的应用前提及特点

1.收益现值法应用的前提

(1)被评估二手车必须是经营性车辆，且具有继续经营和获利的能力。

(2)继续经营的预期收益可以预测而且必须能够用货币金额来表示。

(3)二手车购买者获得预期收益所承担的风险也可以预测，并可以用货币衡量。

(4)被评估二手车预期获利年限可以预测。

由以上应用的前提条件可见，运用收益现值法进行评估时，是以车辆投入使用后连续获利为基础的。在机动车的交易中，人们购买的目的往往不是在于车辆本身，而是在于车辆的获利能力。因此，收益现值法较适用于投资营运的车辆。

2.收益现值法的特点

(1)收益现值法的优点。

①与投资决策相结合，容易被交易双方接受。

②能真实和较准确地反映车辆本金化的价格。

(2)收益现值法的缺点。

①预期收益额和折现率及风险报酬率的预测难度大。

②受主观判断和未来不可预见因素的影响较大。

四、收益现值法的计算公式

根据收益现值法的原理，其基本计算公式为：

$$P=\sum_{t=1}^{n}\frac{A_t}{(1+i)^t}=\frac{A_1}{1+i}+\frac{A_2}{(1+i)^2}+\cdots+\frac{A_n}{(1+i)^n}$$

式中：P——车辆评估值；

A_t——未来第t个收益期的预期收益额；

n——车辆剩余使用寿命的年限(收益期)；

i——折现率；

当$A_1=A_2=\cdots=A_n=A$时：

$$P=A\left[\frac{1}{1+i}+\frac{1}{(1+i)^2}+\cdots+\frac{1}{(1+i)^n}\right]=A\frac{(1+i)^n-1}{i(1+i)^n}$$

在上式中，$\frac{(1+i)^n-1}{i(1+i)^n}$称为年金现值系数。

例:某个体人员拟购买一辆轻型货车从事营运经营。该车的剩余使用年限为4年,适用的折现率为8%,经预测4年内各年的预期收益分别为1万元、0.9万元、0.8万元、0.7万元。试评估该车辆目前价格。

该车辆的评估值为:

$$\frac{10000}{(1+8\%)}+\frac{9000}{(1+8\%)^2}+\frac{8000}{(1+8\%)^3}+\frac{7000}{(1+8\%)^4}\approx 28471\text{元}$$

五、车辆折现率的确定

车辆的剩余使用寿命是指从评估基准日到车辆报废的年限。在车辆技术状况正常的情况下,可按国家规定的报废标准确定车辆的剩余使用寿命。如果车辆的技术状况很差,则应根据车辆的实际状况判定车辆的剩余使用寿命。

运用收益现值法进行汽车评估时,预期收益额的确定是关键。收益额指的是车辆使用带来的未来预期收益值,是通过预测分析获得的。对于从事营运的车辆,利用收益现值法判断其是否有价值时,首先应判断车辆是否会带来收益。对其收益的判断,不仅仅是看现在的收益能力,更重要的是预测其未来的收益能力。对于企业来讲,计量预期收益的指标有两个:一是税后利润,二是净现金流量。净现金流量的算术表达式是:

净现金流量=保留收益+折旧

在上式中,保留收益是付清一切成本和股息之后的余额,其中成本包括折旧因素、劳务费用等,在存在所得税制下,还需扣除所得税。车辆的折旧是指车辆随着时间的推移或在使用过程中,由于损耗而转移的那部分价值。这部分价值随车辆产生的收益回收、积累,形成车辆的折旧基金。折旧基金是为了补偿车辆的磨损而逐年提取的专用基金,其主要目的是在车辆不能使用或不再使用时,用折旧基金购置新车辆,实现车辆的更新。因此,折旧的存在事实上是车辆价值的一种表现形式。

从汽车评估的观点来看,净现金流量较利润指标在显示车辆收益上更全面。因此,应选用净现金流量作为车辆的预期收益的计量指标。

折现率是将未来预期收益折算成现值的比率,是换算车辆现值与预期收益的有效工具。从评估的观点看,折现率的选择事实上是在对车辆预期收益评价的基础上对现值的确定。不同折现率的选择将影响车辆的价值。从折现率本身来说,它是一种特定条件下的收益率,说明了车辆取得该项收益的收益率水平。收益率越高,意味着单位资产的增值率越高,在收益一定的情况下,所有者拥有资产的价值越低。

在选择和计量折现率时,应注意折现率与预期收益的匹配,如收益的计量指标有净现金流量和税后利润两种,在选择折现率时,就需注意与所选的计量指标相适应。此外,在计量折现率时,必须考虑到风险因素的影响。否则,就可能过高地估计车辆价值。当考虑到风险因素后,评估观点上的折现率应包括风险收益率和风险报酬率两方面,即

折现率=风险收益率+风险报酬率

每个行业、企业都有具体的资金收益率。在利用收益现值法对车辆评估选择折现率时,应该对本行业、企业历年的收益率指标进行对比分析,以尽可能准确地估测车辆的折现率。

六、收益现值法的评估步骤

运用收益现值法评估应按下列步骤进行：

第一步，收集有关营运车辆的收入和费用的资料；

第二步，估算预期收入；

第三步，估算预期营运费用；

第四步，估算预期净收益；

第五步，选用适当的折现率；

第六步，选用适当的计算公式求出收益现值。

评估中采用的预期收入、预期营运费用和预期净收益，都采用正常客观的数据。利用被评估车辆本身的资料直接推算出的预期收入、预期营运费用或预期净收益，应与类似二手车在正常情况下的预期收入、预期营运费用和预期净收益进行比较。若与正常客观的情况不符，应进行适当的调整修正，使其成为正常客观的数据。

在求取净收益时，应根据净收益过去、现在、未来的变动情况及可获收益的年限，确定未来净收益流量。收益年限的确定应根据被评估车辆的使用情况、市场竞争趋势和机动车报废标准的规定，确定一个合理的年限。折现率宜以投资于该类营运车辆所能获得的正常投资报酬为基准。

七、收益现值法评估应用举例

利用收益现值法估算车辆价格时，通常按照以下几个步骤进行。

第一，调查、了解营运车辆的经营行情，营运车辆的消费结构及被评估车辆的技术状况。

第二，根据调查、了解的结果，确定车辆的剩余使用年限，预测车辆的预期收益，确定折现率。

第三，根据收益现值法公式，$P=\sum_{t=1}^{n}\frac{A_t}{(1+i)^t}$确定车辆的评估价值。

下面试举一例，说明利用收益现值法估算车辆价格的具体过程。

例：某单位欲购置一辆轻型客车作载客营运使用。该车已使用了5年，行驶了24万千米，目前车况正常。试利用收益现值法估算该车的价值。

1.确定车辆的剩余使用年限。根据国家的有关规定和车辆目前的状况，可确定车辆的剩余使用寿命为5年。

2.估测车辆的预期收益。根据对行业内类似营运车辆的调查，此类车营运时的收入及支出数据情况如下。

(1)此类车全年可工作300天左右，每天平均收入400元，预计年收入为300×400=120000元。

(2)此类车平均每天油料支出为60元，年油料支出为60×300=18000元

(3)此类车年维修费用平均支出20000元。

(4)此类车辆的各种规费、杂费及人员劳务费等年平均支出40000元。

(5) 此类车辆的折旧费用为6000元。

(6)此类车辆的年收入为：

$$120000-18000-20000-40000-6000=36000\text{元}$$

(7)按应缴纳税率为30%计算,车辆的年收益额为:

$$36000\times(1-30\%)+6000=31200\text{元}$$

3.确定车辆的折现率。根据对比分析,预计资金的年收益率为3%,风险率为5%,确定车辆的折现率为:

$$3\%+5\%=8\%$$

4.确定车辆的评估值。如果车辆每年的纯收入相同,则由收益现值法求得收益现值,即车辆的评估值为:

$$31200\text{元}\times(P/A,8\%,5)=31200\times3.9899\approx124485\text{元}$$

上式中,$(P/A,8\%,5)$为8%折现率5年的折现系数,可查表取得,其值为3.9899。

【任务检测】

一、选择题

1.有使用2年的1.8 L帕萨特私人生活用车,交易后转为出租车,按照国家有关法规,其规定使用年限尚余(　　)。

A.10年　　B.8年　　C.6年　　D.14年

2.营运一年的1.6 L伊兰特出租车,交易后转为私人生活用车,按照国家有关法规,其规定使用年限尚余(　　)。

A.7年　　B.8年　　C.10年　　D.15年

3.对于企业来讲,计量预期收益的指标有(　　)。

A.折旧费　　B.保留收益费　　C.净现金流量

D.税后利润　　E.税前利润

4.某个体人员拟购买一辆轻型货车从事营运经营。该车的剩余使用年限为2年,经预测这两年预期收益为:第一年10000元,第二年9000元,折现率为8%,则该车的评估值为(　　)。

A.13859元　　B.16975元　　C.17356元　　D.19000元

5.某个体人员拟购买一辆轻型货车从事营运经营。该车的剩余使用年限为2年,经预测这两年预期收益为:第一年10000元,第二年8000元,折现率为6%,则该车的评估值为(　　)。

A.13859元　　B.16554元　　C.17356元　　D.19000元

6.用收益现值法评估一辆二手车,其剩余使用年限为2年,经预测这两年预期收益为:第一年10000元,第二年8000元,设折现率为15%,则评估值大约为(　　)。

A.1.38万元　　B.1.52万元　　C.1.24万元　　D.1.47万元

7.用收益现值法评估一辆二手车,其剩余使用年限为2年,经预测这两年预期收益为:第一年12000元,第二年8000元,设折现率为7%,则评估值为(　　)。

A.15463元　　B.17468元　　C.18203元　　D.18692元

8.一辆福特福克斯二手车，评估价为8.7万元。若要折价10%就可当即出售，则该车的价格应为(　　)。

A.7.83万元　　B.8.33万元　　C.8.43万元　　D.8.55万元

二、分析计算题

1.某单位欲购置一辆轻型客车作载客营运使用。该车已使用了5年，行驶了24万千米，目前车况正常，根据调查，此类车运营时的收入及支出数据情况如下：(1)全年可工作300天，每天平均收入400元；(2)平均每天油耗60元；(3)此车年维修费平均支出20000元；(4)车辆的各种规费、杂费及人员劳务费等年平均支出40000元；(5)车辆的年折旧费为6000元；(6)预计资金的年收益率为5%，风险率为5%，按应缴纳税费30%计算，试利用收益现值法估算该车的价值。

2.某企业将一辆20座中巴车转让，在二手车交易市场，张先生准备将该车买来用于进行客运，按照我国《汽车报废标准》规定，该车辆剩余使用年限为5年，预计资金的年收益率为3%，风险率为5%，经过预测得出5年内各年预期收益的数据见下表，请结合适当的评估方法评估该车目前的价格。

1年	2年	3年	4年	5年
20000元	15000元	12000元	10000元	5000元

(1)评估该车是否适用于收益现值法。

(2)车辆的折现率是多少？

(3)车辆的评估值是多少？

三、判断题，先判断后改错

用收益现值法评估二手车后，在交易中，人们购买该二手车的目的是车辆获利的能力。(　　)

四、填空题

对于企业来说，计量预期收益的指标有__________和__________。

【评价与反馈】

班级:__________ 姓名:__________ 指导教师:__________

序号	考核项目	分值	考核内容	配分	考核标准	得分
1	出勤、纪律	5分	出勤	2分	违规一次不得分	
			行为规范	3分	违规一次不得分	
2	安全、防护、环保	20分	着装	2分	违规一次不得分	
			个人防护	3分	违规一次不得分	
			“5S”“EHS”	5分	违规一次不得分	
			设备使用安全	5分	违规一次不得分	
			操作安全	5分	违规一次不得分	
3	任务检测	20分	任务测验成绩	20分	测验成绩的20%计	
4	技能考核	35分	技能测验成绩	35分	测验成绩的35%计	
5	学习能力	10分	工单填写,工艺计划制订	4分	未做不得分	
			组内活动情况	5分	酌情扣分	
			资料查阅和收集	1分	未做不得分	
6	任务拓展	10分	知识拓展任务	2分	未做不得分	
			技能拓展任务	8分	未做不得分	
	总分	100分				

【教师评估】

序号	优点	存在问题	解决方案
教师签字:			

【学习后记】

任务三 现行市价法评估二手车价值

【任务目标】

目标类型	目标要求
知识目标	(1)能描述现行市价法的定义 (2)能描述现行市价法的特点 (3)能阐述采用现行市价法的前提
技能目标	(1)能运用所学知识选择合适的评估方法 (2)能够采用现行市价法对汽车进行评估
情感目标	养成注意观察、分析的习惯

【任务描述】

评估师要评估一辆轿车，他从二手车市场获得的市场参照物与被评估车辆各方面都基本相同，只是参照物后视镜被损坏需更换，约需200元；被评估车辆改装一套真皮座椅面，价值6500元。参照物的市场价为205000元，则被评估车辆的评估值大概为多少？

【知识准备】

一、现行市价法的定义、原理

现行市价法又称为市价法、市场价格比较法和销售对比法，是指通过比较被评估车辆与最近出售类似车辆的异同，并将类似车辆市场价格进行调整，从而确定被评估车辆价值的一种方法。

现行市价法的基本原理是通过市场调查，选择一个或几个与评估车辆相同或类似的车辆作为参照车辆，分析参照车辆的结构、配置、功能、性能、新旧程度、地区差别、交易条件及成交价格等，并与待评估车辆一一对照比较，找出两者的差别及差别所反映的价格上的差额，经过调整，计算出二手车的评估价格。

运用现行市价法时，要求充分利用类似二手车成交价格信息，并以此为基础判断和估测被评估车辆的价值。运用已被市场检验了的结论来评估被评估车辆，显然容易被买卖双方当事人所接受。因此，现行市价法是二手车评估中最为直接、最具说服力的评估途径之一。用现行市价法评估二手车包含了被评估车辆的各种贬值因素，如有形损耗的贬值、功能性贬值和经济性贬值。因为市场价格综合反映了车辆的各种因素，则车辆的有形损耗及功能陈旧而造成的贬值，自然会在市场价格中有所体现。经济性贬值则是反映各类产品综合的经济性贬值的大小，突出表现为供求关系的变化对市场价格的影响，因而，用市价法评估不再专门计算功能性贬值和经济性贬值。

现行市价法是最直接、最简单的一种评估方法，也是二手车价格评估最常用的方法之一。

二、现行市价法的应用前提

由于现行市价法是与同类二手车销售价格相比较的方式来确定被评估车辆价值的，因此，运用这一方法时一般应具备两个基本的前提条件。

第一，要有一个市场发育成熟、交易活跃的二手车交易公开市场，经常有相同或类似二手车的交易，有充分的参照车辆可取，市场成交的二手车价格反映市场行情，这是应用现行市价法评估二手车的关键。在交易市场上二手车交易越频繁，与被评估相类似的二手车的价格就越容易获得。

第二，市场上参照的二手车与被评估二手车有可比较的指标，这些指标的技术参数等资料是可收集到的，并且价值影响因素明确，可以量化。

运用现行市价法，最重要的是要在交易市场上能够找到与被评估二手车相同或相类似的已成交过的参照车辆，并且参照车辆是近期的、可比较的。所谓近期，是指参照车辆交易时间与被评估二手车评估基准日相差时间短，一般在一个季度之内。所谓可比较，是指参照车辆在规格、型号、功能、性能、配置、内部结构、新旧程度及交易条件等方面与被评估二手车不相上下。

现行市价法是从卖者的角度来考虑被评估二手车的变现值的，二手车评估价值的大小直接受市场的制约，因此，它特别适用于产权转让的畅销车型的评估，如二手车收购和典当等业务。畅销车型的数据充分可靠，市场交易活跃，评估人员熟悉其市场交易情况，采用现行市价法评估二手车，时间会很短。评估人员在了解和掌握了评估对象的基本情况以后，就要进行市场调查，选取二手车市场参照物，收集相同或相似参照物的售价。参照物售价的来源包括以下方面。

(1)二手车经销商或其他销售商，如“4S”店置换价格情况。

(2)二手车购买者的购进价格。

(3)拍卖行二手车拍卖数据库中的价格资料。一般来说拍售价格比公开市场的销售价格要低，所以，只可作为参考价。

(4)网上的价格资料。

(5)相关公开出版物所公布的价格资料。例如，中国汽车流通协会、中车联信息技术中心联合发布的《中国二手车价格手册》中提供的资料。

三、现行市价法的特点

1.现行市价法的优点

(1)能够客观反映二手车目前的市场情况，其评估的参数、指标可直接从市场获得。评估值能反映二手车市场现实价格。

(2)结果易于被各方面理解和接受。

2.现行市价法的缺点

(1)需要公开及活跃的二手车市场作为基础，然而我国很多地方二手车市场建立的时间短，发育不完全、不完善，寻找参照车辆有一定的困难。

(2)可比因素多而复杂，即使是同一个生产厂家生产的同一型号的产品，同一天登记，但可能由于由不同的车主使用，其使用强度、使用条件、维护水平的不同而带来车辆技术状况不同,造成二手车评估价值差异。

(3)现行市价法对信息资料的数量和质量要求较高,而且要求评估人员要有较丰富的评估经验和评估技巧。

四、现行市价法的评估步骤

1.考察鉴定被评估车辆

收集被评估车辆的资料,包括车辆的类别、名称、型号等。了解车辆的用途、目前的使用情况,并对车辆的性能、新旧程度等做必要的技术鉴定,以获得被评估车辆的主要参数,为市场数据资料的搜集及参照物的选择提供依据。

2.选择参照物

根据评估的特定目的,待评车辆的有关参数,按照可比性原则选取参照物。参照物的选择一般应在两个以上。车辆的可比性因素主要包括:类别、型号、用途、结构、性能、新旧程度、成交数量、成交时间、付款方式等。

3.对被评估车辆和参照物之间的差异进行比较、量化和调整

综合被评估车辆与参照物之间的各种可比性因素,对其作用程度加以确定,并尽可能地予以量化、调整。

(1)销售时间差异的量化。在选择参照物时,应尽可能地选择在评估基准日成交的案例,以免去销售时间允许的量化步骤。若参照物的交易时间在评估基准日之前,可采用指数调整法将销售时间差异量化并予以调整。

(2)车辆性能差异的量化。车辆性能差异的具体表现是车辆营运成本的差异。可以通过测算超额营运成本的方法将性能方面的差异量化。

(3)新旧程度差异的量化。被评估车辆与参照物在新旧程度上不一定完全一致,参照物也未必是全新的。这就要求评估人员对被评估车辆与参照物的新旧程度的差异进行量化。

差异量计算公式为:

差异量=参照物价格×(被评估车辆成新率−参照物成新率)

(4)销售数量、付款方式差异的量化。销售数量大小、采用何种付款方式均会对车辆的成交单价产生影响。对这两个因素在被评估车辆与参照物之间的差别应先了解清楚,然后根据具体情况做出必要的调整。下面举一案例具体分析如下。

例:市场上有6台完全相同的车辆待出售。经调查,该地区市场上此类车辆平均每年只售出2辆。于是为满足买主的要求,卖方同意以优惠价格一次性同时出售6辆汽车。而可选择的近期交易参照物单辆售价为4万元。试用现行市价法评估此6辆汽车的现值。

评估如下:

(1)直接以参照物的价格出售,即每辆汽车4万元。当年销售2辆汽车,可得销售收入为:2×4=8万元

(2)其余4辆汽车如逐年销售,2年后才能售完。每辆汽车4万元,以参照物单价为标准,未来每年可得销售款8万元。以此为基础,折算4辆汽车的现值,适用的折现率为10%。

(3)实际上这是一个未来收益的折现问题。根据未来收益现值法的公式,可计算4辆汽车的现值为:

$$P=\frac{80000}{(1+10\%)}+\frac{80000}{(1+10\%)^2}\approx 138843元$$

(4)6辆汽车同时出售的评估值为:

$$80000+138843=218843元$$

以上例子使我们知道了如何把因销售量不同所引起的差异予以量化,并加以调整。同样,对付款方式差异的调整,被评估车辆通常是以一次性付款方式为假定前提,若参照物采用分期付款方式,则可按当期银行利率将各期分期付款额折现累加,即可得到一次性付款总额。

4.汇总各因素差异量化值,求出车辆的评估值

对上述各差异因素量化值进行汇总,给出车辆的评估值。以数学表达式表示为:

$$被评估车辆的价值=参照物现行市价\pm\sum差异量$$

五、现行市价法评估应用举例

下面试举一例,说明利用现行市价法估算车辆价格的具体计算过程。

例:评估人员在对某辆汽车进行评估时,选择了三个近期成交的与被评估车辆类别、结构基本相同,经济技术参数相近的车辆做参照物。参照物与被评估车辆的一些具体经济技术参数见表5-3-1。

表5-3-1　车辆及参照物的有关经济参数

序号	经济技术参数	计量单位	参照物A	参照物B	参照物C	被评估车辆
1	车辆交易价格	元	50000	65000	40000	
2	销售条件		公开市场	公开市场	公开市场	公开市场
3	交易时间		6个月前	2个月前	10个月前	
4	已使用年限	年	5	5	6	5
5	尚可使用年限	年	5	5	4	5
6	成新率	%	60	75	55	70
7	年平均维修费用	元	20000	18000	25000	20000
8	每100 km耗油量	升	25	22	28	24

1.对被评估车辆与参照物之间的差异进行比较、量化

(1)销售时间的差异。

根据收集到的资料表明,在评估之前到评估基准日之间的一年内,物价指数大约每个月上升0.5%。各参照物与被评估车辆由于时间差异所产生的差额为:

①被评估车辆与参照物A相比较晚6个月,价格指数上升3%,其差额为

$$50000\times 3\%=1500元$$

②被评估车辆与参照物B相比较晚2个月,价格指数上升1%,其差额为

$$65000\times 1\%=650元$$

③被评估车辆与参照物C相比较晚10个月,价格指数上升5%,其差额为

$$40000\times 5\%=2000元$$

(2)车辆性能的差异。

①按每日营运150千米、每年平均出车250天，计算各参照物与被评估车辆每年由于燃料消耗的差异所产生的差额（燃料价格按每升7.6元计算）。

a.A车每年比被评估车辆多消耗的燃料的费用为：

$$(25-24)\times7.6\times150/100\times250=2850\text{元}$$

b.B车每年比被评估车辆少消耗的燃料的费用为：

$$(24-22)\times7.6\times150/100\times250=5700\text{元}$$

c.C车每年比被评估车辆多消耗的燃料的费用为：

$$(28-24)\times7.6\times150/100\times250=11400\text{元}$$

②各参照物与被评估车辆每年由于维修费用的差异所产生的差额为：

a.A车与被评估车辆每年维修费用的差额为：

$$20000-20000=0\text{元}$$

b.B车比被评估车辆每年少花费的维修费用为：

$$20000-18000=2000\text{元}$$

c.C车比被评估车辆每年多花费的维修费用为：

$$25000-20000=5000\text{元}$$

③由于营运成本不同，各参照物每年与被评估车辆的差异为：

a.A车比被评估车辆每年多花费的营运成本为：

$$2850+0=2850\text{元}$$

b.B车比被评估车辆每年少花费的营运成本为：

$$5700+2000=7700\text{元}$$

c.C车比被评估车辆每年多花费的营运成本为：

$$11400+5000=16400\text{元}$$

(3)成新率的差异。

①A车与被评估车辆由于成新率的差异所产生的差额为：

$$50000\times(70\%-60\%)=5000\text{元}$$

②B车与被评估车辆由于成新率的差异所产生的差额为：

$$65000\times(70\%-75\%)=-3250\text{元}$$

③C车与被评估车辆由于成新率的差异所产生的差额为：

$$40000\times(70\%-55\%)=6000\text{元}$$

④取所得税为33%，则税后各参照物每年比被评估车辆多（或少）花费的营运成本为：

a.税后A车比被评估车辆每年多花费的营运成本为：

$$2850\times(1-33\%)=1909\text{元}$$

b.税后B车比被评估车辆每年少花费的营运成本为：

$$7700\times(1-33\%)=5159\text{元}$$

c.税后C车比被评估车辆每年多花费的营运成本为：

$$16400\times(1-33\%)=10988\text{元}$$

⑤适用折现率为10%，则在剩余的使用年限内，各参照物比被评估车辆多（或少）花费的营运成本为：

a.A车比被评估车辆多花费的营运成本折现累加为：

$$1909\times(P/A,10\%,5)=1909\times3.7908\approx7236\text{元}$$

b.B车比被评估车辆少花费的营运成本折现累加为：

$$5159\times(P/A,10\%,5)=5159\times3.7908\approx19556\text{元}$$

c.C车比被评估车辆多花费的营运成本折现累加为：

$$10988\times(P/A,10\%,4)=10988\times3.1699\approx34830\text{元}$$

2.根据被评估车辆与参照物之间差异的量化结果，确定车辆的评估值

(1)初步确定车辆的评估值。

①与参照物A相比分析调整差额，初步评估的结果为：

车辆评估值=50000+1500+7236+5000 =63736元

②与参照物B相比分析调整差额，初步评估的结果为：

车辆评估值=65000+650−19556−3250=42844元

③与参照物C相比分析调整差额，初步评估的结果为：

车辆评估值= 40000+2000+34830+6000=82830元

(2)综合定性分析，确定车辆的评估值。

从上述初步估算的结果可知，按三个不同的参照物进行比较测算，初步评估的结果最多相差39986元(82830−42844=39986元)。其中一部分原因是三个参照物的成新率不同(参照物A为60%、参照物B为75%、参照物C为55%)。另外，在选取有关的经济技术参数时也可能存在误差。为减少误差，结合考虑被评估车辆与参照物的相似程度，决定采用加权平均法确定评估值。参照物B的交易时间离评估基准日较接近(仅隔2个月)，且已使用年限、尚可使用年限、成新率等都与被评估车辆最相近。由于它的相似程度比参照物A、C更大，故决定取参照物B的加权系数为60%。参照物A的交易时间、已使用年限、尚可使用年限、成新率等比参照物C的相似程度更大，故决定取参照物A的加权系数为30%。取参照物C的加权系数为10%。加权平均后，车辆的评估值为：

车辆评估值 = 63736×60%+42844×30%+82830×10%≈59378元

【任务检测】

一、简答题

1.什么是现行市价法？简述其基本原理。

2.简述现行市价法的应用条件。

3.现行市价法的评估方法有哪几种？简述各自的特点。

二、选择题

1.要评估一辆55座的大客车，评估师从二手车市场找到与被评估对象完全一样的参照物，只是参照物装了一套高级音响，价值8600元。参照物的交易价为265000元。则被评估车辆价值为(　　)。

A.259400元　　B.250940元　　C.256400元　　D.251400元

2.要评估一辆轿车，评估师从二手车市场找到与被评估车辆各方面都基本相同的参照物，只是参照物后视镜被损坏需更换，约需200元，且被评估车辆改装了一套座椅面，价值6500元。参照物的市场价为205000元。则被评估车辆的评估值为(　　)。

A.250000元　　B.211700元　　C.210000元　　D.191170元

3.在用现行市价法评估二手车时，参照车辆与被评估车辆完全相同，参照物的市场价为6.8万元，则被评估车辆的评估值是(　　)。

A.6.8万元　　B.6.0万元　　C.7.0万元　　D.6.5万元

4.被评估的捷达车比参照物车辆的使用年限少1年，其价格差异调整系数为10.44%，参照物车辆的市场价为4.5万元，则被评估车辆的评估值为(　　)。

A.3.98万元　　B.4.97万元　　C.5.1万元　　D.5.3万元

三、分析计算题

评估人员在对某捷达出租车进行评估时，选择了两个近期成交的与被评估车辆类别、结构基本相同，经济技术参数相近的车辆作参照样车。参照样车与被评估车辆的一些具体经济技术参数见下表。

序号	经济技术参数	参照物Ⅰ	参照物Ⅱ	被评估车辆
1	车辆型号	捷达FV7160CL	捷达FV7160CIX	捷达FV7160GIX
2	车身	老式车身	新式改款车身	新式改款车身
3	发动机	化油器式，2气门	电喷式，2气门	电喷式，5气门
4	销售条件	公开市场	公开市场	公开市场
5	交易时间	2003年12月	2003年6月	2004年6月
6	初次登记时间	1999年12月	2000年6月	2000年6月
7	成新率	42%	53%	50%
8	物价指数	1	1.03	1.03
9	付款方式	现款	现款	现款
10	年平均维修费用	2.0万元	1.8万元	2.0万元
11	每100 km油耗量	8 L	8.5 L	7.5 L
12	价格	5.0万元	5.5万元	

(1)计算各车的剩余使用年限。

(2)根据市场调查，捷达老式车身与新式改款车身价格差大约为0.6万元，2气门化油器式发动机与5气门电喷式发动机大约相差0.8万元，2气门电喷式发动机与5气门电喷发动机大约相差0.3万元。按被评估出租车每日运营150 km、每年平均出车250天，上缴所得税33%，折现率10%，对被评估车辆与参照物之间的差异进行比较、量化，计算各参照物与被评估车辆的差额(燃料价格按每升按7.6元计算，$(P/A,10\%,5)=3.7908$，$(P/A,10\%,4)=3.1699$)。

(3)依据被评估车辆与参照物之间差异的量化结果，取参照物Ⅰ的加权系数为40%，参照物Ⅱ的加权系数为60%，确定加权后该车辆的评估值。

【评价与反馈】

班级：________ 姓名：________ 指导教师：________

序号	考核项目	分值	考核内容	配分	考核标准	得分
1	出勤、纪律	5分	出勤	2分	违规一次不得分	
			行为规范	3分	违规一次不得分	
2	安全、防护、环保	20分	着装	2分	违规一次不得分	
			个人防护	3分	违规一次不得分	
			"5S""EHS"	5分	违规一次不得分	
			设备使用安全	5分	违规一次不得分	
			操作安全	5分	违规一次不得分	
3	任务检测	20分	任务测验成绩	20分	测验成绩的20%计	
4	技能考核	35分	技能测验成绩	35分	测验成绩的35%计	
5	学习能力	10分	工单填写，工艺计划制订	4分	未做不得分	
			组内活动情况	5分	酌情扣分	
			资料查阅和收集	1分	未做不得分	
6	任务拓展	10分	知识拓展任务	2分	未做不得分	
			技能拓展任务	8分	未做不得分	
	总分	100分				

【教师评估】

序号	优点	存在问题	解决方案
教师签字：			

【学习后记】

任务四　清算价格法评估二手车价值

【任务目标】

目标类型	目标要求
知识目标	(1)能描述清算价格法的含义 (2)能描述清算价格法的适用范围 (3)能阐述确定清算价格的方法
技能目标	(1)能运用所学知识说明影响清算价格的因素 (2)能够采用清算价格法对汽车进行评估
情感目标	养成注意观察、分析的习惯

【任务描述】

某法院欲在近期内将其扣押的一辆轻型货车拍卖出售。根据调查,目前全新的此款货车的售价为15万元,折扣率75%,可在清算日内出售车辆。至评估基准日止,该汽车已使用了1年零6个月,车况与其新旧程度相符。试评估该车的清算价格。

【知识准备】

一、清算价格法的含义及原理

(1)清算价格法是以清算价格为标准,对二手车进行价格评估。

所谓清算价格,是指企业由于破产或其他原因,要求在一定的期限内将车辆变现,在企业清算之日预期出售车辆可收回的快速变现价格。

(2)清算价格法主要根据二手车技术状况,运用现行市价法估算其正常价值,再根据处置情况和变现要求,乘以一个折扣率,最后确定评估价格。

清算价格法在原理上与现行市价法基本相同,所不同的是迫于停业或破产,清算价格往往大大低于现行市场价格。这是由于企业被迫停业或破产,急于将车辆拍卖、出售。因此,从严格意义上讲,清算价格法不能算作一种基本的评估方法,只能算是现行市价法、重置成本法、收益现值法的具体运用。

二、清算价格法的适用范围

清算价格法适用于企业破产、资产抵押、停业清理时要售出的车辆。

1.企业破产

企业破产是指当企业或个人因经营不善造成严重亏损、资不抵债时,企业应依法宣告破产,法院以其全部财产依法清偿其所欠的债务,不足部分再清偿。

2.资产抵押

资产抵押是指企业或个人为了进行融资，用自己特定的财产作为担保向对方保证履行合同义务的担保形式。提供财产的一方为抵押人，接受抵押财产的一方为抵押权人。抵押人不履行合同时，抵押权人有权利将抵押财产在法律允许的范围内变卖，从变卖抵押物价款中优先获得赔偿。

3.停业清理

停业清理是指企业由于经营不善导致严重亏损，已临近破产的边缘，或因其他原因将无法继续经营下去，为弄清企业财务现状，对全部财产进行清点、整理和查核，为经营决策提供依据，以及因财产损毁、报废而进行清理、拆除等的经济行为。

在上述3种经济行为中，若要对二手车进行评估，则可用清算价格作为标准，但在评估时要注意被评估车辆必须具有法律效力的破产处理文件或抵押合同及其他有效文件，车辆在市场上可以快速出售变现，所卖收入足以补偿因出售车辆而产生的附加支出总额。

三、影响清算价格的主要因素

由于采用清算价格法进行评估的车辆，通常要在较短的期限内变现，因此其价格往往低于现行市价，这是快速变现原则决定的。清算价格的高低一般与以下几方面因素有关：

(1)企业的破产形式。如果企业完全丧失车辆的处置权，无法讨价还价，占有主动权的买方必然会尽力压低价格，以从中获益；如果企业尚有讨价还价的余地，则车辆的价格就可能高些。

(2)车辆的拍卖时限。车辆的拍卖时限越短，车辆的清算价格就可能越低；反之，若拍卖时限较长，车辆价格就可能高些。

(3)车辆的现行市价。与被拍卖车辆相同或类似的车辆的现行市价价格越高，被拍卖车辆的清算价格通常就会高些；反之，被拍卖车辆的价格就会低些。

(4)车辆的拍卖方式。若车辆与破产企业的其他资产一起整体拍卖，其拍卖值可能会高于包括车辆在内的各单项资产变现价值之和。

四、确定清算价格的方法

二手车评估清算价格的方法主要有现行市价折扣法、意向询价法和拍卖法3种。

1.现行市价折扣法

这种方法指清理车辆时，首先在二手车市场上寻找一个与之相近的参照物，然后根据快速变现原则估定一个折扣率并以此来确定其清算价格。

例如，一辆旧桑塔纳轿车，经调查在二手车市场上成交价为4万元，根据销售情况调查，折价20%可以当即出售，则该车辆清算价格为4×(1−20%)=3.2(万元)。

2.意向询价法

这种方法是根据向被评估车辆的潜在购买者询价的方法取得市场信息，最后经评估人员分析确定其清算价格的一种方法。用这种方法确定的清算价格受供需关系影响很大，所以要充分考虑其影响的程度。

例如，有一辆旧桑塔纳普通型轿车，拟评估其清算价格。评估人员经过对5个有购买意向的经纪人询价，其价格分别为4.5万元、4.6万元、4.7万元、4.8万元、4.6万元，价格差异不大，评估人员确定其清算价格为4.6万元。又如，有一辆94款福特林肯轿车，拟评估其清算价格。评估人员经过对3个有购买意向的经纪人询价，其价格分别为15万元、11万元、17万元，价格差异较大，评估人员不能以此来确定其清算价格。

3.拍卖法

拍卖法是由法院按照法定程序（破产清算）或由卖方根据评估结果提出一个拍卖的低价，在公开市场上由买方竞争出价，谁出的价格高就卖给谁。

(1)拍卖方式。

二手车拍卖有两种拍卖方式，即现场拍卖和网上拍卖。

(2)二手车拍卖规则。

各二手车拍卖公司均建立了各自的拍卖规则，但其规则内容基本相同。

(3)二手车网上拍卖。

网络以其高速的信息传递、丰富的信息共享和大量的浏览客户成了新世纪商家的宠儿。二手车销售也已进入了这一领域，1999年美国有40%的人在购车前曾上网调查过有关信息。在二手车拍卖领域，卫星与网络的功能日益显著，如日本的AUCNET公司就成功地开发了二手车的卫星网上拍卖系统，并与丰田、日产等大型汽车生产企业进行了二手车销售领域的全面合作，成功开展了二手车的网上拍卖。

网上交易系统主要有全程交易和半程交易两种方式。

①全程交易。

全程交易是指用户和公司在网上完成整个二手车交易活动，其步骤如下。

第一步：购买方选择欲购的候选二手车。

第二步：查看详细资料和评价结果。

第三步：定购二手车。

第四步：网站发出欲购指令。

第五步：网站接受购买方欲购指令并向购买方要求身份认证和主要资料。

第六步：进行购买方的主要资料和身份认证。

第七步：网站向经销商传达购买方欲购指令。

第八步：经销商接受指令并向网站发出线下交货预备日期选择表。

第九步：网站向购买方发出该列表。

第十步：购买方选择交割日期并传至网站。

第十一步：网站向购买方要求日期确认。

第十二步：网站接受确认后将交割日期传至经销商并要求确认。

第十三步：网站接受经销商日期确认，网上交易完成。

②半程交易。

开始基本与全程交易相同，不同之处在于在用户选定了欲购二手车之后，直接查询该二手车所属经销商的联系方式，然后与该经销商联系，直接线下交易。

(4)二手车拍卖流程。

①二手车委托拍卖流程。

二手车委托拍卖需要提供车辆行驶证、购置凭证、通行费缴费凭证、车船税证、保险凭证、车辆所有人证件(身份证、户口本或企事业单位代码证)等有效证件,才能进行委托拍卖。

②二手车竞买流程。

竞买人参加二手车竞买时,应提供竞买人身份证或企事业单位代码证和保证金,然后方可领取竞买号牌,参加竞买。

(5)拍卖注意事项。

①拍卖活动是在公开、公平、公正、诚实信用的基础上进行的。它的一切活动都具有法律效力。

②竞买人必须具备相关的竞买条件,否则不得参加竞买。

③竞买人必须事先按规定办理登记手续,提交有关合法文件。进入拍卖现场前,必须办理入场手续,方能参加购买。

④竞买人若委托代理人竞买,代理人必须出示有效的委托文件及本人身份证,否则即作为代理人以自己的身份竞买。

⑤竞买人在公告规定的咨询期限内有权了解拍卖标的物的情况,实地查看,有偿获得文件资料。一旦进入拍卖会现场,即表明已完全了解情况,并愿意承担一切责任。

⑥竞买过程中,竞买人一定要认真严肃地进行竞买,一经应价,不得反悔,否则应赔偿由此造成的经济损失。

⑦竞买人的最高应价经拍卖师落槌的方式确认后,拍卖成交。

⑧竞买成交后,买收人必须当场签署《拍卖成交确认书》和有关文件、合同等。

⑨买收人付清全部价款后,方能办理拍卖标的物的交付手续。

⑩竞买人必须遵守场内公共秩序,不得阻挠其他竞买人叫价竞投,不得阻碍拍卖师进行正常的拍卖工作,更不能有操纵、垄断等违法行为,一经发现,应取消其竞买资格,并追究法律责任。竞买人应先到现场查看所拍卖的二手车,了解其技术状况,并具备一定的法律和经济知识,以免遭受不必要的损失。

虽然我国《拍卖法》对拍卖的规则、程序、拍卖标的物等都有严格的规定,但网上竞价目前仍无法可依。

清算价格法的应用在我国是一个新课题,目前这方面的实践还不是很多,关于清算价格的理论与实际操作,都有待进一步总结和完善。

五、清算价格法的评估步骤

1.用其他评估方法确定评估底价

采用清算价格法时,一般采用现行市价法、重置成本法和收益现值法或综合运用几种方法的组合来确定被评估车辆的评估底价。采用重置成本法确定被评估车辆价格基数的方法是先确定重置成本,再计算成新率,最后确定评估值,即被评估车辆的评估底价。

2.根据相关因素确定折扣率

影响折扣率大小的因素有以下3方面:

(1)被评估的车辆市场接受类型是通用车型还是专用车型,例如运钞车就比一般的小客车难以变现。

(2)要综合考虑车辆的欠费情况,欠费较多的车辆只能用来拆零出售,价格相对较低。

(3)拍卖时限。变现时间的长短影响快速变现系数:变现时间短,折扣率就较低。

清算价格法虽然在运用时受许多条件的制约,但在实际运用中常利用其快速变现的特点,在确定评估拍卖底价时经常运用其原理。只不过在评估报告中说明采用评估方法时应考虑规避风险,用重置成本法和市场比较法结合快速变现因素进行描述,不直接运用清算价格法。

例如,某市进行公车改革,采用公开拍卖的形式,连续在市内各大平面媒体刊登拍卖公告,说明竞买规则,拍卖各种车辆约800辆,预展7天。某评估机构对其进行价值评估,确定拍卖底价,其拍卖目录见表5-4-1。

表5-4-1　某市公车改革拍卖目录

序号	品牌型号	上牌日期	年审至	养路费交至	保险费交至	评估底价/元
1	普通桑塔纳LX	1996.9	2005.9	2004.12	2004.8	35000
2	帕萨特1.8	2001.8	2006.8	2004.12	2005.6	110000
3	桑塔纳2000GLS	1997.6	2005.6	2004.12	2004.10	58000
4	捷达GLX	2002.1	2006.1	2004.12	2005.9	62000
5	桑塔纳2000GLI	1998.11	2006.11	2004.12	2005.4	70000
6	别克塞欧SLX	2003.2	2006.2	2004.12	2005.3	49000
7	红旗7180AE	2001.3	2006.3	2004.12	2004.12	78000
8	桑塔纳2000GSI	2002.1	2006.1	2004.12	2005.7	82000
9	依维柯客车40-10	1997.7	2004.7	2004.9	2004.9	35000
10	长安面包车SC6331B	2001.7	2006.7	2004.9	2005.7	9000
11	奥迪100四缸	1993.9	2005.7	2004.12	2005.7	32000
12	奥迪五缸	1994.3	2005.7	2004.12	2005.4	30000

注:2004年10月为评估基准日

从上表中可以看出,评估底价与拍卖成交价均有一定差距,从几千元到几万元。价值评估是利用清算价格法的原理,在市场比较法或重置成本法的基础上确定评估价,然后根据快速变现的要求分别乘以各自的折扣率。

例如,依维柯客车的快速变现系数为0.6,奥迪五缸车虽然上牌时间比奥迪四缸车晚,退出市场的售价也比奥迪四缸车售价高,但由于市场认可度不如奥迪四缸车,因此不论是拍卖底价还是成交价均低于奥迪四缸车。评估价、评估底价及折扣率如何确定还需要评估人员通过市场操作不断积累经验。

3.确定被评估车辆的清算价格

被评估车辆的清算价格=评估底价×折扣率(或快速变现系数)

六、清算价格法评估应用举例

下面试举一例，说明利用清算价格法估算清算价格的具体过程。

例：某法院欲在近期内将其扣押的一辆轻型载货汽车拍卖出售。至评估基准日止，该汽车已使用了1年零6个月，车况与其新旧程度相符。试评估该车的清算价格。

1.确定车辆的重置成本全价

据市场调查，全新的此型车目前的售价为5.5万元。根据相关规定，购置此型车时，要交纳10%的车辆购置税、3%的货运附加费，故被评估车辆的重置成本全价为：

重置成本全价=55000元×(1+10%+3%)=62150元

2.确定车辆的成新率

被评估车辆的价值不高，且车辆的技术状况与其新旧程度相符，故决定采用使用年限法确定其成新率。据查，被评估车辆的使用年限为15年，折合为180个月。该车已使用年限为1年零6个月，折合为18个月。故被评估车辆的成新率为：

$$成新率=(1-\frac{18}{180})\times 100\%=90\%$$

3.确定被评估车辆在公平市场条件下的评估值

根据调查了解，被评估车辆的功能损耗及经济性损耗均很小，可忽略不计。故在公平市场条件下，该车的评估值为：

62150元×90%=55935元

4.确定折扣率

根据市场调查，折扣率取75%时，可在清算日内出售车辆，故确定折扣率为75%。

5.确定被评估车辆的清算价格

车辆的清算价格 = 55935元×75%≈41951元。

【任务检测】

一、选择题

1.影响汽车清算价格的因素有(　　)。

A.车辆的折现率　　B.企业的破产形式　　C.车辆的拍卖时限
D.车辆的现行市价　　E.车辆的拍卖方式

2.汽车清算价格的方法主要有(　　)。

A.现行市价折扣法　　B.讨论法
C.意向询价法　　D.拍卖法

二、简答题

1.什么是清算价格法？

2.简述清算价格法的基本原理。

3.简述清算价格法的适用范围。

三、分析计算题

1.某法院欲在近期内将其扣押的一辆轻型货车拍卖出售。根据调查,目前全新的此款货车的售价为6.8万元,折扣率70%可在清算日内出售车辆。至评估基准日止,该汽车已使用了2年零6个月,车况与其新旧程度相符。试评估该车的清算价格。

2.A公司因为经营不善,向法院申请破产。法院在评估其资产时,欲将其抵押的一辆五十铃微型货车拍卖出售。据市场调查,该车的裸车价为8.58万元,至评估基准日止,该货车已使用了2年零3个月;车况与其新旧程度相符;其功能性损耗及经济性损耗均很小,可忽略不计;折扣率取70%。试根据上述材料,回答下列问题:

(1)请选择一种合适的评估方法对该车进行评估。

(2)该评估方法的适用范围是什么?

(3)影响该车评估价格的主要因素有哪些?

(4)试评估该车的价格。

【评价与反馈】

班级:________ 姓名:________ 指导教师:________

序号	考核项目	分值	考核内容	配分	考核标准	得分
1	出勤、纪律	5分	出勤	2分	违规一次不得分	
			行为规范	3分	违规一次不得分	
2	安全、防护、环保	20分	着装	2分	违规一次不得分	
			个人防护	3分	违规一次不得分	
			"5S""EHS"	5分	违规一次不得分	
			设备使用安全	5分	违规一次不得分	
			操作安全	5分	违规一次不得分	
3	任务检测	20分	任务测验成绩	20分	测验成绩的20%计	
4	技能考核	35分	技能测验成绩	35分	测验成绩的35%计	
5	学习能力	10分	工单填写,工艺计划制订	4分	未做不得分	
			组内活动情况	5分	酌情扣分	
			资料查阅和收集	1分	未做不得分	
6	任务拓展	10分	知识拓展任务	2分	未做不得分	
			技能拓展任务	8分	未做不得分	
	总分	100分				

【教师评估】

序号	优点	存在问题	解决方案
教师签字:			

【学习后记】

附录　复利系数表

8%

n	(F/P,i,n)	(P/F,i,n)	(F/A,i,n)	(A/F,i,n)	(A/P,i,n)	(P/A,i,n)
1	1.0800	0.92593	1.00000	1.00000	1.08000	0.92593
2	1.16640	0.85734	2.08000	0.48077	0.56077	1.78327
3	1.25971	0.79383	3.24640	0.30803	0.38803	2.57710
4	1.36049	0.73503	4.56011	0.22192	0.30192	3.31213
5	1.46933	0.68058	5.86660	0.17046	0.25046	3.99271
6	1.58687	0.63107	7.33593	0.13632	0.21632	4.62288
7	1.71382	0.58349	8.92281	0.11207	0.19207	5.20637
8	1.85093	0.54027	10.63663	0.09401	0.17401	5.74664
9	1.99901	0.50025	12.48757	0.08008	0.16008	6.24689
10	2.15893	0.46319	14.48657	0.06903	0.14903	6.71008

10%

n	(F/P,i,n)	(P/F,i,n)	(F/A,i,n)	(A/F,i,n)	(A/P,i,n)	(P/A,i,n)
1	1.10000	0.90909	1.00000	1.00000	1.00000	0.90909
2	1.21000	0.82645	2.10000	0.47619	0.57619	1.73554
3	1.33100	0.75131	3.31000	0.30211	0.40211	2.48685
4	1.46410	0.68301	4.64100	0.21547	0.31547	3.16987
5	1.61051	0.62092	6.10510	0.16380	0.26380	3.79079
6	1.77156	0.56447	7.71561	0.12961	0.22961	4.35526
7	1.94872	0.51361	9.498717	0.10541	0.20541	4.86842
8	2.14356	0.46651	11.43589	0.08744	0.18744	5.33493
9	2.35795	0.42410	13.57943	0.07364	0.17364	5.75902
10	2.59374	0.38554	15.93743	0.06275	0.16275	6.14457

12%

n	(F/P,i,n)	(P/F,i,n)	(F/A,i,n)	(A/F,i,n)	(A/P,i,n)	(P/A,i,n)
1	1.12000	0.89286	1.00000	1.00000	1.12000	0.89286
2	1.25440	0.79719	2.12000	0.47170	0.59170	1.69005

续表

n	(F/P,i,n)	(P/F,i,n)	(F/A,i,n)	(A/F,i,n)	(A/P,i,n)	(P/A,i,n)
3	1.40493	0.71178	3.37440	0.29635	0.41635	2.40183
4	1.57352	0.63552	4.77933	0.20923	0.32923	3.03735
5	1.76234	0.56743	6.35285	0.15741	0.27741	3.60478
6	1.97382	0.50663	8.11519	0.12323	0.24323	4.11141
7	2.21068	0.45235	10.08901	0.09912	0.21912	4.56376
8	2.47596	0.45235	10.08901	0.09912	0.21912	4.96764
9	2.77308	0.39061	14.77566	0.06768	0.18768	5.32825
10	3.10585	0.32197	17.54874	0.05698	0.17698	5.65022

参考文献

[1]李耀平.汽车评估[M].北京:人民交通出版社,2014.

[2]高宏伟.汽车评估[M].北京:机械工业出版社,2012.

[3]鲁植雄.汽车评估(第2版)[M].北京:北京大学出版社,2016.

[4]鲁植雄.二手车鉴定评估师(国家职业资格四级)[M].北京:中国劳动社会保障出版社,2008.

[5]王永盛,金涛.汽车评估(第2版)[M].北京:机械工业出版社,2009.

[6]黄费智.汽车评估与鉴定[M].北京:机械工业出版社,2011.

[7]成英,刘晓锋,汪磊,王龙志.汽车评估[M].北京:清华大学出版社,2014.

[8]张克明.汽车评估[M].北京:机械工业出版社,2002.